Wilhelm Jans

Geld und Schulden
Gedanken über das Finanzsystem

Bibliographische Information der Deutschen Nationalbibliothek:
Die Deutsche Nationalbibliothek verzeichnet diese Publikation in der deutschen Nationalbibliographie, detaillierte bibliographisch Daten sind im Internet unter http://dnb.dnb.de abrufbar

© 2016 Wilhelm Jans
Zweite aktualisierte und überarbeitete Auflage
Herstellung und Verlag:
BoD – Books on Demand, Norderstedt
ISBN 9783743112933

Meiner lieben Frau

Inhaltsverzeichnis

Vorwort

Seite

1. Einleitung...1

2. Die geschichtliche Entwicklung des Geldes.........................3

3. Geld ist nicht gleich Geld...7

4. Was ist „Geld"?..9

5. Der Staat und das Geld..11

6. Die Zentralbank...15

7. Die Verschuldung durch die Geldschöpfung der Banken...................19

8. Der Buchgeldtransfer...24

9. Zins und Gewinn...27

10. Die Finanzunternehmen..30

11. Das Wirtschaftswachstum...33

12. Die Inflation..41

13. Der Vermögenszuwachs..47

14. Die Blase oder die Inflation der Vermögenspreise........51

15 Die Realwirtschaft und die Finanzwirtschaft...................57

16. Die Finanzinnovationen...61

17. Die Spekulation..67

18. Die Zahlungsunfähigkeit einer Bank.................................71

19. Die Globalisierung und die fremde Währung....................75

20. Der Euro – Ein Projekt mit Problemen.............................83

21. Das Europäische System der Zentralbanken (ESZB).......91

22. Zusammenfassung der bisherigen Überlegungen.............95

23. Die Finanzkrise 2008..97

24. Die Eurokrise 2010...105

25. Euro-Nachbesserungen...113

26. Die Folgen im Falle der Beendigung der Währungsunion.............119

27. Zum Vergleich: Die japanische Krise 1990.....................123

28. Das ungelöste Problem der übermäßigen Verschuldung.................127

29. Inflation durch die Zentralbank?.....................................131

30. Negativer Zins, Helikoptergeld, Abschaffung des Bargeldes.........137

31. Eine kritische Betrachtung..141

32. Gedanken zum Schluss...145

Stichworte..149

Quellenverzeichnis..151

Vorwort

Das Geld ist existenziell für Staat, Wirtschaft und Gesellschaft. Dass der Staat ohne Finanzsystem nicht existieren kann, zeigte sich 2008, als er es vor dem Kollaps bewahren musste.

Wenn Lenin gesagt hat, um eine Gesellschaft zu zerstören, brauche man keinen Krieg zu führen, man müsse nur ihr Geldwesen ruinieren, so hat er in diesem Punkt Recht. Ein Staat ohne Finanzsystem ist ebenso undenkbar wie ein Staat ohne Regierung oder ohne Behörden. Der Staat, seine Institutionen und damit das Finanzsystem dienen dem Allgemeininteresse und nicht den Interessen einzelner. Dies ist in Erinnerung zu rufen, wenn eine wichtige Institution wie das Finanzsystem instabil geworden ist, weil der für das Finanzsystem verantwortliche Staat sich durch die Deregulierung weitgehend zurückgezogen hat.

Die Deregulierung der Finanzwirtschaft seit den 1990er Jahren ist eine Zäsur im Finanzsystem. Es ist eine neue Finanzindustrie entstanden, die es notwendig macht, zwischen der Realwirtschaft, in der die meisten Arbeitsplätze geschaffen werden, und der Finanzwirtschaft mit ihrer Finanzindustrie, deren Geschäft die Veranstaltung von Wetten ist, zu unterscheiden. Diese Unterscheidung unterbleibt meistens, wenn in den Medien von Märkten oder von Wirtschaft die Rede ist.

Dieses Buch ist kein Ratgeber für die Geldanlage. Es zeigt Zusammenhänge auf, um Informationen besser verstehen und einordnen zu können und behandelt Fragen, die nicht immer einfach zu beantworten sind. Zu den Fragen kann man unterschiedlicher Auffassung sein. Ich erwarte nicht, dass der Leser meine Auffassung teilt. Er ist aufgefordert, sich seine eigenen Gedanken zu machen.

Das Finanzsystem ist, da es viele Themen betrifft, sehr komplex. Damit der Überblick über den Gesamtkomplex nicht verloren geht, habe ich die einzelne Themen so kurz wie möglich dargestellt.

Von Hause aus Jurist und wie in der Juristerei üblich habe ich wichtige Finanzabläufe anhand von Fallbeispielen beschrieben, sodass der Leser eine konkrete Vorstellung erhält.

Die Protagonisten des Finanzsystems sind die USA und Großbritannien. Die Welt der Finanzen ist daher angelsächsisch geprägt. Ihre Sprache ist englisch. Auch in Deutschland haben sich vielfach Begriffe der englischen Finanzsprache eingebürgert. Soweit ich diese Begriffe verwende, habe ich sie übersetzt bzw. erläutert.

Ich danke für die Erlaubnis der Copyright-Inhaber (u.a. boerse.de Finanzportal, Standard & Poors, Nikkei Inc.), Daten und Grafiken zur Darstellung langfristiger Statistiken nutzen zu dürfen.

Gifhorn, im Oktober 2016

1. Einleitung

Zum Einstieg in die Welt des Geldes lassen Sie mich einleitend einige Aspekte nennen, die für das Verständnis wichtig sind und die ich später ausführlich behandeln werde.

Geld entsteht im heutigen reinen Papiergeldsystem durch Schulden. Daher der Titel des Buches. Wirtschaftsaktivitäten erfordern Geld und somit Schulden, für die ein Zins zu zahlen ist. Die Tilgung der Zinsschuld erfordert eine zusätzliche Geldmenge bzw. Verschuldung, die wiederum eine Zinsschuld auslöst. Das Finanzsystem ist ein Aufwärtsspiral-System steigender Geldmenge und damit steigender Verschuldung. Entscheidend ist, dass die Verschuldung in Grenzen gehalten wird.

Eine Abwärtsspirale – häufig die Gegenreaktion auf eine übermäßige Aufwärtsspirale bzw. Verschuldung - ist systemwidrig. Sie führt zu Störungen im Finanzsystem. Ziel muss es daher sein, eine Abwärtsspirale und damit eine Rezession zu verhindern. Bei einer Rezession fehlt, da der Schuldner nicht genügend Einnahmen hat, das Geld, damit die Schulden bezahlt werden können. Dadurch haben auch die Gläubiger ein Problem, da sie ihrerseits ihre Schulden nicht bezahlen können. Kritisch wird es, wenn es zu einer Kettenreaktion von Zahlungsfähigkeiten kommt.

Wer einen Kredit gibt, glaubt an die Zahlungsfähigkeit des Kreditnehmers (credere lateinisch glauben). Das Finanzsystem ist wesentlich Glaubenssache. Wenn die Gläubiger an die Zahlungsfähigkeit ihrer Schuldner glauben, steigt die allgemeine Bereitschaft, einen Kredit zu geben oder den Kaufpreis zu stunden bzw. zu kreditieren. Damit steigen die Wirtschaftsaktivitäten. Der Glaube schafft Fakten.

Schulden werden durch Arbeitsleistung, für die der Schuldner Geld erhält, getilgt. Durch die Arbeitsleistung wird die Verschuldung in Grenzen gehalten. Die Arbeitsleistung ist daher ein wichtiger Aspekt des Finanzsystems.

Nach diesen einleitenden Bemerkungen wollen wir nun der Reihe nach vorgehen. Das Buch ist so konzipiert, dass ein Kapitel auf dem anderen aufbaut. Die späteren Kapitel setzen also die Kenntnis der vorangehenden voraus. Um gegebenenfalls die vorangehenden Kapitel nachzulesen, habe ich zahlreiche Rückverweisungen angebracht.

Wir beginnen mit dem Geld als Grundlage unserer Überlegungen. Wir erörtern zunächst, was wir unter Geld verstehen wollen. Der Leser mag sich wundern und fragen, was das soll. Schließlich weiß er, was Geld ist, da er täglich mit Geld umgeht. Aber ganz so einfach ist es nicht. Im Verlaufe der Geschichte hat es unterschiedliche Formen von Geld gegeben. Die Geschichte kann helfen, das Geld besser zu verstehen. Wir wollen daher einen kurzen Blick in die Geschichte des Geldes werfen.

2. Die geschichtliche Entwicklung des Geldes

Am Anfang steht der Tauschhandel. Der Tauschhandel findet ohne Geld und Schulden statt. Der Tauschhandel ist schwerfällig, da der Erwerber eines Gegenstandes einen Tauschgegenstand benötigt, den sein Vertragspartner wünscht. Er muss sich den Tauschgegenstand wiederum durch einen Tausch besorgen. Der Tauschhandel erschwert den Austausch von Gütern (Waren und Dienstleistungen) und damit die wirtschaftliche Entwicklung. Er wurde durch den Handel mit Geld abgelöst.

Als Geld wurden zunächst Sachen verwendet, unter anderem wertvolle Muscheln oder Perlen, aber auch Vieh. Muscheln, Perlen und Vieh wurden zum Wertmaßstab. Geld war also etwas, was durch eine Arbeitsleistung hergestellt wurde. Die Münze, deren Herstellung ebenfalls eine Arbeitsleistung erforderte, war ein großer Fortschritt. Das Münzgeld war leicht zu handhaben und zu transportieren.

Der Zusammenhang zwischen dem Münzgeld und dem Vieh als Form des Geldes in einer archaischen agrarischen Gesellschaft zeigt sich an den Münzen im alten Rom. Auf den Münzen war ein Stück Vieh dargestellt. Vieh heißt auf lateinisch pecus, woraus sich das Wort pecunia (Geld) herleitet. Das deutsche Wort pekuniär (geldlich) stammt aus dem Lateinischen und stellt eine Verbindung zu einer frühen Form des Geldes her.

Der hohe Wert der Goldmünze beruht darauf, dass Gold nur in geringen Mengen vorhanden und seine Gewinnung mit einer extrem hohen Arbeitsleistung verbunden ist. Auf der anderen Seite ist Gold sehr begehrt. Das glänzende Edelmetall hat schon immer die Menschen fasziniert. Obwohl es auch andere wertvolle Edelmetalle gibt (Platin), gilt Gold auch heute noch als der Inbegriff des Wertvollen. Die Zentralbanken legen Goldreserven an, um den Wert des von ihnen ausgegebenen Geldes zu dokumentieren.

Das Geld in der Form der Goldmünze wurde abgelöst durch eine verbriefte Forderung auf eine Goldmünze. Die Goldmünzen wurden aus Sicherheitsgründen bei den Goldschmieden, die über Tresore verfügten, in Verwahrung gegeben. Die Goldschmiede, die für die Aufbewahrung eine Gebühr erhielten, stellten eine Quittung über die eingelagerten Münzen aus. Die Quittung beinhaltete eine Forderung gegen den Goldschmied, gegen Vorlage der Quittung die in dieser bezeichnete Summe an Goldmünzen auszuhändigen. Es entstand der Brauch, dass die Inhaber der Quittungen, wenn sie Geld brauchten, ihre Münzen nicht zurückholten, sondern der Einfachheit halber mit den Quittungen bezahlten. Da die Quittungen allgemein akzeptiert wurden, wurden sie zu Zahlungsmittel bzw. zu Geld. Sie wurden Zettel genannt.

Die Banken stellten über die Einzahlung von Goldmünzen ebenfalls Zettel aus. Sie wurden als Zettelbanken bezeichnet. Sie stellten fest, dass immer nur ein Teil der Münzen zurückgeholt wurde, sodass bei ihnen immer ein gewisser Bestand an Münzen vorhanden war. Sie kamen auf die Idee, wegen dieses Bestandes an Münzen zusätzliche Zettel auszustellen und diese Zettel als Kredite, für die sie Zinsen erhielten, zu vergeben. Die Summe der in allen Zetteln ausgewiesenen Goldmünzen war höher als die bei ihnen vorhandene Menge an Goldmünzen. Die Zettel waren somit nicht voll durch Münzen gedeckt. Hätten alle Zettelinhaber gleichzeitig die Aushändigung ihrer Münzen verlangt, so hätten die Banken zu wenig Münzen gehabt und wären außerstande gewesen, die Münzen auszuzahlen. Sie wären zahlungsunfähig geworden.

Bevor es Zettel als Zahlungsmittel bzw. Geld gab, konnten die Banken Kredite nur durch Aushändigung von Goldmünzen vergeben. Sie konnten nur das verleihen, was sie besaßen. Die Zettel ermöglichten ihnen, Geld unabhängig von Goldmünzen herzustellen. Die bisherige Bindung des Geldes an eine wertvolle Sache (Gold) wurde aufgehoben.

Die Ausgabe von nicht durch Goldmünzen gedeckten Zetteln stellt eine Zäsur in der Entwicklung des Finanzsystems dar. Sie ist ein wichtiger Schritt auf dem Weg zum heutigen reinen Papiergeldsystem, in dem das Geld das unabhängig vom Gold hergestellt wird.

Da die Zettelbanken häufig zu viele Zettel ausgaben und sie in vielen Fällen zur Auszahlung von Münzen nicht in der Lage waren, wurde ihnen die Ausgabe von Zetteln untersagt. Die Befugnis zur Ausgabe von Zetteln wurde einer einzigen Bank übertragen, der Notenbank bzw. Zentralbank. Die von dieser Bank ausgegebenen Zettel wurden Banknoten genannt.

Die Banknoten verkörperten ursprünglich eine Forderung auf eine bestimmte Menge Gold. Dieses goldgedeckte Papiergeldsystem wurde 1971 abgeschafft. Die USA, deren Dollar durch Gold gedeckt war, hatten zur Finanzierung des Vietnamkrieges eine zu große Menge an Dollar hergestellt. Sie kündigten ihre Verpflichtung zur Auszahlung des Dollar in Gold. Die Staaten, die ihre Devisenreserven entsprechend dem Bretton-Woods Abkommen von 1944 in Dollar, der praktisch gleich Gold war, angelegt hatten, verloren ihre Ansprüche auf Gold. Seit der Abschaffung des goldgedeckten Papiergeldsystems verkörpert die Banknote keine Forderung auf Gold mehr. Sie verkörpert überhaupt keine Forderung. Sie ist lediglich ein Stück Papier und damit eine an sich wertlose Sache.

Wenn ein Gläubiger die Banknote akzeptiert, so nur deswegen, weil er sie infolge staatlicher Anordnung akzeptieren muss. Sie ist gesetzliches Zahlungsmittel. Der Gläubiger akzeptiert das gesetzliche Zahlungsmittel aus Überzeugung aber auch nur dann, wenn er sich dafür etwas kaufen kann. Er wird keine Arbeitsleistung erbringen, wenn er im Gegenzug nur ein wertloses Stück Papier erhält. Das Papiergeld hat für ihn nur dann einen Wert, wenn es Kaufkraft hat. Es hat nur dann Kaufkraft, wenn alle an die Kaufkraft glauben und das Geld aus Überzeugung akzeptieren. Fehlt der Glaube an die Kaufkraft und an den Wert des Geldes, droht der Rückfall in werthaltige Sachgegenstände als Geld wie nach dem zweiten Weltkrieg, als mit Zigaretten gezahlt wurde („Zigarettenwährung").

Ein letzter Schritt ist die Entwicklung zum Buchgeld. Bei der Einzahlung von Banknoten bei einer Bank erteilt diese eine Gutschrift durch Buchung auf einem Konto, früher in Papierform, heute in elektronischer

Form. Die Gutschrift begründet Buchgeld. Das Geld als Buchgeld ist nicht einmal mehr eine greifbare Sache (Stück Papier) im Besitz des Geldbesitzers. Es hat sich in die Bücher der Banken verflüchtigt. Es kann per Scheck, Anweisung oder Karte über Verrechnungs- bzw. Girosysteme auf andere Banken transferiert werden. Es wird daher auch als Giralgeld bezeichnet. Das Konto, auf dem es gebucht wird, ist das Girokonto.

Das Buchgeld ist genau genommen eine Forderung gegen die Bank auf Auszahlung von Banknoten so wie früher der Zettel eine Forderung gegen die Zettelbank auf Auszahlung von Goldmünzen war. So wie die Zettelbank nicht durch Gold gedeckte Zettel ausgaben, so stellen die Banken heute Buchgeld her, das nicht durch Banknoten gedeckt ist. Im Krisenfall sind die Banken nicht in der Lage, die Forderungen der Buchgeldbesitzer auf Auszahlung von Banknoten zu erfüllen.

Eine Forderung ist immer mit der Unsicherheit der Zahlungsunfähigkeit des Schuldners behaftet. Ist eine Banken nicht mehr in der Lage, ihre Schuld zur Auszahlung von Banknoten zu erfüllen, ist das Buchgeld verloren. Demgegenüber ist die Banknote im eigenen Besitz von der Zahlungsunfähigkeit der Bank nicht betroffen. Der Unterschied zwischen der sicheren Banknote und dem relativ unsicheren Buchgeld spiegelt sich in der Redensart „Nur Bares (die Banknote) ist Wahres" wider.

Die neueste Entwicklung könnte auf die Abschaffung der Banknote hinauslaufen. Die Zahlung mit Banknoten ist bereits unter dem Aspekt der Geldwäsche und der Steuerhinterziehung eingeschränkt. Dies mutet insofern etwas seltsam an, als man mit dem vom Staat als gesetzliches Zahlungsmittel bestimmten Geld nicht uneingeschränkt zahlen kann. Die Abschaffung der Banknote wird das Problem der Kriminalität verringern. Dafür gibt es ein anderes Problem, das Problem der Sicherheit des Geldes bei den Banken.

3. Geld ist nicht gleich Geld

Nach der Einrichtung der Zentralbank war nur diese befugt, Banknoten herzustellen. Eine Bank musste nun, wenn sie einen Kredit vergeben wollte, sich die Banknoten durch einen Kredit bei der Zentralbank besorgen. Die Auszahlung des Kredits der Zentralbank an die Bank erfolgte früher mit Banknoten, heute durch Erteilung einer Gutschrift auf dem Zentralbankkonto, dem Konto, das die Bank bei der Zentralbank hat.

Das Buchgeld auf den Zentralbankkonten ist von dem Buchgeld auf den Girokonten zu unterscheiden. Das Buchgeld auf den Girokonten dient dem Geldtransfer zwischen den Unternehmen und den Privathaushalten in der Realwirtschaft. Das Geld auf den Zentralbankkonten dient hingegen dem Geldtransfer zwischen den Banken. Ein großer Teil der Aktivitäten der Banken besteht in Geschäften untereinander, insbesondere in Wertpapiergeschäften. Diese Geschäfte werden mit dem Geld der Banken auf ihren Zentralbankkonten abgewickelt. Erhält eine Bank durch einen Kredit der Zentralbank einen Geldbetrag auf ihrem Zentralbankkonto, so führt dies nicht notwendigerweise zu einer Erhöhung der Buchgeldmenge auf den Girokonten.

Die Banken haben eine Zwitterstellung. Sie betreiben einerseits Geschäfte untereinander, andererseits vergeben sie Kredite an die Realwirtschaft. Der Bereich der Banken ist ein anderer als der Bereich der Realwirtschaft und beide Bereiche müssen voneinander getrennt werden. Um die unterschiedlichen Wirkungen des Geldes in beiden Bereichen besser verstehen zu können, sollte man zweckmäßigerweise einen Unterschied in der Bezeichnung des Geldes für die beiden Bereiche machen. Im folgenden bezeichne ich daher das Buchgeld auf den Zentralbankkonten als „Zentralbank-Buchgeld" und das Buchgeld auf den Girokonten als „Buchgeld". Die Unterscheidung muss auch hinsichtlich der Banknoten getroffen werden, da sowohl die Geschäfte der Banken untereinander als auch die Geschäfte in der Realwirtschaft mit Banknoten abgewickelt werden können.

Wenn eine Bank von der Zentralbank statt einer Gutschrift auf ihrem Zentralbankkonto Banknoten erhält, so sind die Banknoten, da sie dieselbe Funktion wie die Gutschrift auf dem Zentralbankkonto haben, ebenfalls „Zentralbankgeld". Erst wenn die Banknoten in den Besitz einer Nicht-Bank bzw. in die Realwirtschaft gelangen, werden sie zu „Geld".

Somit gilt für die folgenden Ausführungen:
Das Geld der Banken auf Zentralbankkonten und die Banknote im Besitz der Banken sind Zentralbankgeld, das Geld auf den Girokonten und die Banknote im Besitz der Nicht-Banken sind Geld.

4. Was ist „Geld"?

Der Begriff Geld wird recht unterschiedlich verwendet. Im allgemeinen Sprachgebrauch heißt es von jemandem, der ein großes Vermögen, z.B. einen großen Grundbesitz hat, er habe viel Geld. Zwischen Geld und sonstigem Vermögen wird dabei nicht differenziert.

Vermögen kann eine Sache, z.B. eine Immobilie oder eine Forderung, z.B. der Anspruch auf Übereignung einer Immobilie, sein. Ist eine Forderung in einem Wertpapier (engl. security) verbrieft, etwa in einer Schuldverschreibung oder in einer festverzinslichen Anleihe (engl. bond), dann wird die Forderung wie eine Sache behandelt. Wer die verbriefte Forderung erwerben will, muss den Brief bzw. das Wertpapier kaufen. Die im Wertpapier verbriefte Forderung wird am Ende der Laufzeit mit Geld ausgezahlt. Da das Wertpapier die Auszahlung von Geld verspricht, kann es selbst kein Geld sein.

In der Definition der Geldmengen M1 bis M3, die als Grundlage der Entscheidungen der Zentralbank auch Wertpapiere mit kurzer Laufzeit enthalten, wird der Begriff Geld in einem weitem Sinne verwendet. Unter Geld wird hier auch Vermögen verstanden, das in kurzer Zeit zu Geld wird.

Dem Wertpapier fehlt die Eigenschaft, die nur das Geld hat. Das Geld ist Zahlungsmittel, mit dem schuldbefreiend gezahlt wird. Ein Gläubiger ist nicht verpflichtet, eine Schuldverschreibung, einen Scheck oder Wechsel zu akzeptieren. Der Besitzer von Vermögen, der eine Schuld zu bezahlen hat, muss sein Vermögen zu Geld machen bzw. liquidieren, um zahlungsfähig bzw. liquide zu werden. Es gibt Wertpapiere und Forderungen, die leicht zu Geld zu machen sind, etwa Festgeld oder Tagesgeld. Man kann sie als „liquides Vermögen" bezeichnen, sie sind aber kein Zahlungsmittel und damit kein Geld.

Geld ist ferner ein Wertmessmittel. Beim Tauschhandel braucht man kein Wertmessmittel. Die Tauschgegenstände werden durch Gegenüberstellung bewertet. Erst durch das Geld wurde es möglich, einen Gegenstand isoliert zu bewerten. Das Geld ist der Wertmaßstab, der an Güter und Vermögensgegenstände angelegt wird, sodass diese einen Preis erhalten. Der Wertmaßstab Geld ist eine Zahl, die den Nenn- oder Nominalwert des Geldes bezeichnet. Die Zahl ist mit der Bezeichnung der Währung verknüpft (früher Deutsche Mark, heute Euro). Jeder Staat legt eine Währung und damit die Bezeichnung für das Geld fest. Im Gegensatz zum Geld haben Güter und Vermögensgegenstände keinen „aufgedruckten" Nominalwert. Der Wert bzw. Preis für Güter und Vermögensgegenstände wird mit einem Geldbetrag bezeichnet, der durch eine Vereinbarung oder durch eine behördliche Anordnung zustande kommt.

Ein Maßstab muss stabil sein. Was für das Längen- und das Gewichtsmaß selbstverständlich ist, muss im Prinzip auch für das Geld als Wertmaßstab gelten. Beim Geld ist der Nominalwert absolut stabil, da er sich nicht ändert. Anders ist es beim inneren Wert des Geldes. Dieser ändert sich, da seine Kaufkraft infolge Preissteigerungen abnehmen kann. Nur wenn die Kaufkraft stabil ist und es keine großen Preissteigerungen gibt, ist der innere Wert des Geldes und damit das Wertmessmittel Geld stabil. Ohne stabile, verlässliche Maßstäbe und vor allem ohne stabiles Geld ist wirtschaftliches Handeln, das langfristig orientiert ist, nicht möglich. Ziel muss es daher sein, den Geldwert stabil zu halten.

Geld ist schließlich ein Wertaufbewahrungsmittel. Wer Geld durch eine Arbeitsleistung erworben hat, möchte sich auch nach längerer Zeit für sein Geld etwas kaufen können, das dem Wert seiner Arbeitsleistung entspricht. Verliert das Geld seine Funktion als Wertaufbewahrungsmittel, weil es an Wert bzw. Kaufkraft verliert, findet eine Flucht in sichere Sachwerte als Wertaufbewahrungsmittel statt, vor allem in Gold.

Neben dem gesetzlichen Zahlungsmittel können andere Geldformen, die allgemein akzeptiert werden, entstehen. Das Buchgeld ist eine solche Geldform. Es kann per Anweisung oder Karte übertragen werden, was die Zahlungsvorgänge erheblich vereinfacht und beschleunigt. Ein Gläubiger ist nicht verpflichtet, eine Zahlung per Karte oder Anweisung zu akzeptieren. Er ist lediglich verpflichtet, das gesetzliche Zahlungsmittel zu akzeptieren.

5. Der Staat und das Geld

Der Staat hat hinsichtlich des Finanzsystems eine Doppelstellung. Einerseits erlässt er die gesetzlichen Regeln für das Finanzsystem und bestimmt die Währung sowie das gesetzliche Zahlungsmittel. Andererseits tritt er wie ein Privater als Käufer von Waren und Dienstleistungen auf. Er gewährt Sozialleistungen und Subventionen, mit denen die Empfänger Waren und Dienstleistungen kaufen können. Seine Ausgaben finanziert er durch Steuern. Zusätzliche Ausgaben müsste er eigentlich durch Steuererhöhungen finanzieren. Da solche beim Bürger nicht gut ankommen, finanziert er sie durch Kredite, indem er Schuldpapiere bzw. Staatsanleihen emittiert und mit den Einnahmen aus der Emission der Staatsanleihen die zusätzlichen Ausgaben bezahlt. Für die Kredite sind Zinsen zu zahlen, die aber eine Steuererhöhung meistens nicht erforderlich machen, sodass die Kredite für den Bürger nicht spürbar sind.

Schon in früheren Zeiten hatte der Staat Geldprobleme. Die damaligen Herrscher hatten es insofern einfacher, als sie das benötigte Geld selbst herstellen konnten, indem sie Münzen prägten. Vor allem die Führung von Kriegen kostete viel Geld. Friedrich der Große besorgte sich das Geld für den siebenjährigen Krieg durch Münzverschlechterung. Für die Münzen, die er zusätzlich benötigte, fehlte ihm die entsprechende Menge an Gold. Dennoch schuf er zusätzliche Münzen, indem er den Goldmünzen Kupfer beimischte. Die neuen Münzen waren wegen ihres geringeren Goldgehaltes weniger wert, was zunächst unbemerkt blieb, da sie von den echten Goldmünzen kaum zu unterscheiden waren. Erst als der Unterschied auffiel, verlangte der Verkäufer einer Ware eine höhere Anzahl an Münzen, um den vollen Gegenwert in Gold zu erhalten.

Der Ausgabe zusätzlicher geringwertiger Münzen steht es gleich, wenn ein Staat Banknoten druckt, um zusätzliche Ausgaben zu finanzieren. Durch die Erhöhung der Menge der Banknoten verringert sich der Wert der einzelnen Banknote, was ebenfalls zunächst nicht auffällt. Erst wenn die Preise steigen, weil höhere Preise wegen der nun verfügbaren höheren Geldmenge bezahlt werden können und auch bezahlt werden, zeigen sich die Auswirkungen.

Da in einem reinen Papiergeldsystem die Herstellung von Banknoten nicht an vorhandenes Gold gebunden ist und ein Anstieg der Geldmenge unbegrenzt möglich ist, könnte der Staat in unbegrenzter Höhe Ausgaben machen und mit selbst hergestellten Banknoten bezahlen. Um sich bei den Bürgern beliebt zu machen, könnte er mit dem Geld in unbegrenztem Umfang Sozialleistungen und Subventionen gewähren. Das Geld eines solchen Staates "Schlaraffenland" würde aber nach einiger Zeit wertlos. Niemand würde schließlich mehr arbeiten, da jeder Geld ohne Arbeitsleistung erhält. Da niemand arbeitet, würden keine Güter produziert. Obwohl jeder Geld hat, könnte er sich für sein Geld nichts kaufen, da es nichts zu kaufen gibt. Die Menschen müssten hungern. In dem Märchen vom Schlaraffenland ist es umgekehrt. Die Menschen haben alles und brauchen daher nicht zu arbeiten. Ihnen fliegen die gebratenen Tauben in den Mund. Da sie alles haben, brauchen sie kein Geld, um etwas kaufen zu können. Im realen Leben muss der Mensch eine Arbeitsleistung erbringen, um Nahrungsmittel und Kleidung herzustellen oder er muss durch eine Arbeitsleistung Geld verdienen, mit dem er Nahrung und Kleidung kaufen kann. Daraus folgt: *Geld erfordert eine Arbeitsleistung.* Es gilt die alte Volksweisheit: "Von nichts (ohne Arbeitsleistung) kommt nichts" – was an den alten Formen des Geldes (Muscheln, Perlen, Vieh, Goldmünzen) deutlich wird, bei denen die Herstellung des Geldes mit einer Arbeitsleistung verbunden war.

Wenn der Staat Sozialleistungen und Subventionen zahlt, so erfolgen die Zahlungen ohne Gegenleistung. Wenn das Geld, das als Sozialleistung bzw. Subvention gezahlt wird, einen Wert bzw. Kaufkraft haben soll, dann muss es durch eine Arbeitsleistung entstanden sein. Diese Arbeitsleistung wird von andern, und zwar von den Steuerzahlern erbracht. Diese müssen einen Teil ihres durch Arbeitsleistung erworbenen Geldes an den Staat abführen. Im Ergebnis erbringen sie eine Arbeitsleistung zugunsten der Empfänger der Sozialleistungen und Subventionen. Die Achtung vor der Arbeitsleistung der Steuerzahler gebietet, dass der Staat mit den Steuereinnahmen sorgsam umgeht. Damit der Staat die Sozialleistungen und Subventionen nicht mit selbst hergestelltem wertlosen Papiergeld bzw. mit der Notenpresse bezahlt, kommt der Tatsache, dass ausschließlich die Zentralbank befugt ist, Banknoten herzustellen, eine außerordentliche Bedeutung zu. Die Zentralbank ist eine Institution, die nicht der Weisung der Regierung unterliegt und insofern unabhängig ist.

Die Befürchtung, der Staat könne seine Ausgaben mit der Notenpresse finanzieren, kommt in der amerikanischen Verfassung von 1787 zum Ausdruck. Danach darf der Staat Geld nur in Form von Gold- oder Silbermünzen herstellen, also nicht in Form von Papiergeld. Der Staat sollte Geld nur als einen werthaltigen, auf einer Arbeitsleistung beruhenden Sachgegenstand herstellen können.

Da der Staat selbst kein Geld herstellen kann, könnte er es sich von der Zentralbank leihen. Da die Zentralbank in einem reinen Papiergeldsystem Banknoten bzw. Zentralbankgeld in unbegrenztem Umfang herstellen kann, könnte sie in unbegrenztem Umfang Kredite an den Staat geben, wobei der Staat die Kredite mit neuen Krediten tilgen würde. Die Staatsausgaben würden durch die Zentralbank mit wertlosen Papiergeld finanziert. Damit dies nicht geschieht, ist der Zentralbank die Gewährung von Krediten an den Staat untersagt. Der Zentralbank ist es daher untersagt, Staatsanleihen direkt vom Staat (Primärmarkt) zu kaufen, da dies einer Kreditvergabe an den Staat gleichkommt. Ihr ist es hingegen nicht verboten, Staatsanleihen von den Banken (Sekundärmarkt) zu erwerben, da es keinen Unterschied macht, ob sie im Rahmen ihrer geldpolitischen Maßnahmen Staatsanleihen oder andere Wertpapiere von den Banken kauft. Die Zentralbanken sind inzwischen dazu übergegangen, Staatsanleihen-Ankaufprogramme aufzulegen. Dies wird als zulässig erachtet, sofern die Banken nicht als bloße Durchlaufstation zwischen dem Verkauf durch den Staat und dem Ankauf durch die Zentralbank zu betrachten sind.

Wenn die Zentralbank in großem Umfang Staatsanleihen kauft, kann der Staat in großem Umfang Ausgaben tätigen. Da der Staat seine Ausgaben (Sozialleistungen, Subventionen, Zahlung von Gehältern) in der Realwirtschaft tätigt, besteht durch die Erhöhung der Geldmenge in der Realwirtschaft die Gefahr von Preiserhöhungen und damit der Geldentwertung. Damit es nicht zu einer Geldentwertung kommt, müssen die Staatsausgaben in Grenzen gehalten werden. Der Staat, der es mit seiner

Währung und dem Geldwert dieser Währung ernst nimmt, betreibt eine *solide Ausgaben- und Haushaltspolitik.*

Von dem Grundsatz, dass der Staat kein Geld von der Zentralbank erhalten darf, gibt es eine Ausnahme: Die Gewinnabführung der Zentralbank an den Staat. Die Zentralbank macht Gewinne, z.B. in Form von Zinsforderungen aus Krediten an die Banken. Die Gewinnabführung erfolgt nicht etwa dadurch, dass die Zentralbank ihre Forderungen an den Staat abtritt. Mit den Forderungen kann der Staat nichts anfangen. Für seine Ausgaben braucht er Geld. Die Zentralbank stellt daher in Höhe des abzuführenden Gewinns Zentralbankgeld her. Sie bucht die Gewinnabführung auf dem Zentralbankkonto des Staates - auch der Staat hat ein Konto bei „seiner Zentralbank". Von dem Zentralbankkonto des Staates kann das Geld auf das Zentralbankkonto einer Bank transferiert werden, bei der der Staat ein Girokonto hat. Die Bank erteilt dem Staat als Gegenwert für das erhaltene Zentralbank-Buchgeld eine Gutschrift auf dem Girokonto des Staates, sodass der Staat Geld (Buchgeld) erhält.

Der Staat muss grundsätzlich mit dem Geld auskommen, das er von den Steuerzahlern erhält. Das heißt aber nicht, dass er keine Kredite aufnehmen darf. Kredite sind grundsätzlich unbedenklich, wenn der Staat mit ihnen rentierliche Projekte finanziert, also solche Projekte, die langfristig zu Steuereinnahmen führen, etwa die Erschließung neuer Gewerbegebiete. Mit den Steuereinnahmen kann er die Kredite tilgen. Auch Kredite für den Bau von Schulen und Universitäten machen sich auf lange Sicht bezahlt, da eine gute Ausbildung der Bürger zu qualifizierten Arbeitsleistungen und damit zu hohen Einkommen und Steuereinnahmen führt.

Ist der Staat übermäßig verschuldet und erhält er keinen Kredit mehr, weil niemand mehr bereit ist, seine Staatsanleihen zu kaufen, droht der Staatsbankrott. Da er physisch nicht untergehen kann, bleibt ihm nur die Möglichkeit einer Währungsreform, mit der eine Abwertung bzw. Verminderung seiner Kreditverpflichtungen verbunden ist.

6. Die Zentralbank

Die Zentralbank ist in Deutschland eine staatliche Einrichtung, in anderen Staaten eine private Einrichtung mit staatlichen Mitwirkungsrechten. Die amerikanische Zentralbank, das Federal Reserve System, auch Federal Reserve oder kurz Fed genannt, besteht aus 12 regionalen Zentralbanken, die Aktiengesellschaften und deren Aktionäre größere Banken sind. Der amerikanische Staat hat das Recht, einen Teil des Vorstandes und den Präsidenten zu bestimmen. Die Europäische Zentralbank EZB ist eine Einrichtung der EU. Die nationalen Zentralbanken der Eurostaaten, die Kapitalanteile an der EZB haben, sind zum Teil private Institutionen.

Die Aufgabe der Zentralbank ist die Sicherung des Geldwertes. Daneben soll sie zuweilen auch die wirtschaftliche Entwicklung fördern. So hat die amerikanische Zentralbank die Aufgabe, für Vollbeschäftigung, stabile Preise und angemessene langfristige Zinsen zu sorgen. Die Europäische Zentralbank hat vorrangig die Aufgabe der Preisstabilität, aber auch die Aufgabe der Unterstützung der Wirtschaftspolitik, wenn das Ziel der Preisstabilität nicht beeinträchtigt wird.

Die Zentralbank stellt Zentralbankgeld her, entweder als Banknote oder als Zentralbank-Buchgeld (S. 8). Man sagt, sie schöpft das Geld.

Da die Zentralbank in einem reinen Papiergeldsystem für die Zentralbankgeldschöpfung kein Gold benötigt, schöpft sie das Zentralbankgeld sozusagen aus dem Nichts. Das Geld aus dem Nicht wird auch als Fiat-Money bezeichnet, wobei es sich um eine Anspielung an die biblische Schöpfungsgeschichte handelt, wonach Gott das Licht aus dem Nichts schuf, indem er sprach: „Es werde Licht" – lateinisch: *"Fiat* lux".

Die Zentralbank führt eine Bilanz. Die Kredite der Zentralbank an die Banken führen zu Forderungen der Zentralbank und somit zu Aktivposten in ihrer Bilanz. Gleichzeitig entstehen Passivposten in Höhe des geschöpften Zentralbankgeldes, was darauf zurückzuführen sein dürfte, dass die Zentralbank sich früher beim goldgedeckten Geldsystem durch die Ausgabe der Banknote verpflichtete, dem Inhaber den in der Banknote bezeichneten Betrag in Gold auszuzahlen. Durch die Schöpfung von Zentralbankgeld wird die Zentralbankgeldmenge und damit das Bilanzvolumen der Zentralbank vergrößert. Zahlt die Bank das Zentralbankgeld zurück, wird das geschöpfte Zentralbankgeld vernichtet, indem die Zentralbank die Gutschrift der Bank auf dem Zentralbankkonto löscht oder die Banknoten vernichtet bzw. in ihrem Tresor stilllegt. Die Zentralbankgeldmenge und das Bilanzvolumen verringern sich.

Die Menge an Zentralbank-Buchgeld und an umlaufenden Banknoten, d.h. Banknoten im Besitz der Banken und der Nicht-Banken (Unternehmen, Privathaushalte) wird als Geldbasis (engl. Money base) bezeichnet.

Für den Kredit an die Banken fordert die Zentralbank Sicherheiten (engl. Collateral). Die Sicherheitsleistung erfolgt grundsätzlich durch Hinterlegung von zentralbankfähigen Wertpapieren, z.B. von zentralbankfähigen Wechseln, deren Emittenten eine hohe Bonität aufweisen.

Die Zentralbank legt bei der Kreditvergabe an die Banken den Zins fest. Dieser Zins ist der Leitzins (Hauptleitzins). Der Leitzins beeinflusst den Zins, den die Banken bei der Kreditvergabe an Unternehmen und Privathaushalte fordern. Darüber hinaus beeinflusst die Zentralbank durch den An- und Verkauf von festverzinslichen Wertpapieren deren Kurs und damit die Zinsen bzw. das allgemeine Zinsniveau, wie wir später noch sehen werden. Ein niedriger Zins regt zur Kreditaufnahme an mit der Folge, dass die Wirtschaftsaktivitäten steigen. Dabei können auch die Preise steigen, da mehr Geld zur Verfügung steht. Wenn umgekehrt der Leitzins erhöht wird und die Zinsen steigen, geht die Kreditaufnahme zurück und die Preise steigen nicht mehr. Der Geldwert bleibt stabil.

Die Zentralbank kann umso schneller auf eine unerwünschte Preissteigerung reagieren, je schneller sie den Leitzins und das allgemeine Zinsniveau ändern kann. Was den Leitzins betrifft, so kann sie diesen umso schneller ändern, je kürzer die Laufzeit ihrer Kredite ist. Sie wird daher die Kredite grundsätzlich nur mit kurzer Laufzeit vergeben. Da die Banken den Kredit alsbald an die Zentralbank zurückzahlen, gilt für neue Kredite ein geänderter Leitzinssatz. Die Zentralbank kann Wertpapiere jederzeit kaufen und verkaufen und durch Angebot und Nachfrage den Wertpapierkurs und damit das allgemeine Zinsniveau beeinflussen. Die Beeinflussung des Zinses mit dem Ziel, den Geldwert stabil zu halten, ist eine zentrale Aufgabe der Zentralbank. Die Zentralbank hat die *Zinsherrschaft*.

Die Zentralbank muss darauf achten, dass sie die Zinsherrschaft nicht verliert. Die Zinsherrschaft würde verloren gehen, wenn große Mengen an Zentralbankgeld nicht mehr an die Zentralbank zurückgezahlt würden. Dies wäre der Fall, wenn die Zentralbank ihr Zentralbankgeld an die Banken verschenken würde. Es gibt nur einen Fall, in dem die deutsche Zentralbank Banknoten verschenkt hat. Im Rahmen der Währungsreform nach dem zweiten Weltkrieg erhielt jeder Einwohner 40 DM, um die darniederliegende Wirtschaft schnell wieder in Gang zu bringen.

Es gibt einige Ausnahmen von dem Grundsatz, dass das Zentralbankgeld nicht an die Zentralbank zurückgezahlt wird.

Die erste Ausnahme ist die bereits erwähnte Gewinnabführung an den Staatshaushalt. Die zweite Ausnahme sind die Ausgaben der Zentralbank für den eigenen Geschäftsbetrieb (Bürogebäude, Personal). Die dritte Ausnahme sind Verluste, die entstehen, wenn die Zentralbank das an eine Bank verliehene Zentralbankgeld nicht zurückerhält. Das Zentralbankgeld ist weiterhin vorhanden, und zwar auf den Zentralbankkonten denjenigen Banken, die nicht zur Zahlung gegenüber der Zentralbank verpflichtet sind. Verluste können auch entstehen, wenn die Zentralbank bei einem Wiederverkauf von Wertpapieren den Einkaufspreis nicht erlöst und das für den Ankauf geschöpfte Zentralbankgeld nicht zurück erhält. Etwaige Verluste können durch die Gewinne der Zentralbank (z.B. Zinsforderungen) ausgeglichen werden. Der bilanzmäßige Verlustausgleich ändert aber nichts an der Tatsache, dass nun Zentralbankgeld vorhandenen ist, das nicht an die Zentralbank zurückgezahlt wird und über das die Zentralbank die Zinsherrschaft verloren hat.

Bilanzverluste führen nicht zu einer Beeinträchtigung der Funktion der Zentralbank. Da die Zentralbank in unbegrenztem Umfang Zentralbankgeld schöpfen kann, ist sie jederzeit zahlungsfähig. Sie kann daher nicht zahlungsunfähig werden. Selbst bei hohen Verlusten ist es daher auch nicht notwendig, dass der Staat die Verluste ausgleicht oder die erhaltene Gewinnabführung zurückzahlt. Hohe Verluste und damit ein hoher Verlust an Zinsherrschaft sind gleichwohl nicht ohne Belang. Ein hoher Verlust an Zinsherrschaft mindert die Fähigkeit, die Aufgabe der Sicherung des Geldwertes zu erfüllen. Das Ansehen der Zentralbank sinkt und damit der Glaube an die Kaufkraft des Geldes.

7. Die Verschuldung durch die Geldschöpfung der Banken

Um besser verstehen zu können, dass Geld durch Verschuldung entsteht, gehen wir von einem gedachten Urzustand aus, in dem es noch kein Geld gibt. Verkäufer V besitzt eine Baumschule. Käufer K, der einen Obstgarten hat, kauft von V Obstbäume für 1.000 €. Damit ist K verpflichtet, an V 1.000 € zu zahlen und er ist entsprechend verschuldet. K benötigt Geld. Er wendet sich an die neu gegründete A-Bank, die ihm einen Kredit verspricht. Die A-Bank hat noch keine Banknoten. Diese besorgt sie sich durch einen Kredit bei der Zentralbank. Die Zentralbank druckt Banknoten im Wert von 1.000 € und übergibt sie der A-Bank. Sie schöpft damit Zentralbankgeld (S. 15). Diese Zentralbankgeldschöpfung geht somit einher mit der Verschuldung der A-Bank. Anschließend händigt die A-Bank die Banknoten an K aus. Die Banknoten werden zu Geld (S. 8). Die A-Bank hat die Banknoten zu Geld umgewandelt und dadurch etwas Neues geschaffen. Sie hat Geld geschöpft. Diese Geldschöpfung geht einher mit der Verschuldung des K. Da K 1.000 € Geld hat, kann er den Kaufpreis zahlen und seine Schuld gegenüber V tilgen. Er ist nicht mehr gegenüber V verschuldet, sondern gegenüber der A-Bank.

Es kommt zu weiteren Aktivitäten wie folgt: V kauft für seine 1.000 € Englischunterricht bei Lehrer L. Danach kauft L von K Obst für 1.000 €. K hat nun 1.000 €. Der Verlauf der Banknoten stellt sich wie folgt dar:

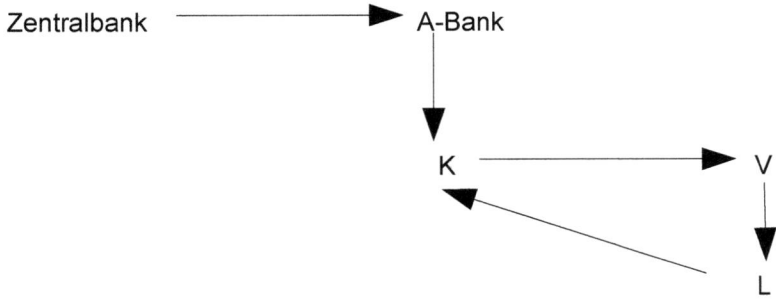

K zahlt nun den Kredit an die A-Bank und die A-Bank zahlt ihrerseits den Kredit an die Zentralbank zurück. Am Ende sind alle Schulden getilgt. Der Urzustand ist wieder hergestellt. Im Ergebnis haben V, L und K mit Hilfe der Banknoten ihre Arbeitsleistungen getauscht.

Bei einem Tausch entstehen keine Schulden, da die eine Arbeitsleistung mit der anderen vergütet wird. Würde einem Tauschpartner gestattet, seine Arbeitsleistung zu einem späteren Zeitpunkt zu erbringen, so wäre er bis zu diesem Zeitpunkt verschuldet. Um die Verschuldung zu tilgen, muss er die geschuldete Arbeitsleistung nachträglich erbringen. Hieran zeigt sich, dass die Verschuldung nur mit einer Arbeitsleistung getilgt werden kann. Eine Schuld muss, wenn man so will, abgearbeitet werden. Dies gilt auch, wenn nicht getauscht, sondern mit Geld gezahlt wird. Zahlt der Kaufpreisschuldner mit Geld aus einem Kredit, dann ist er aus dem Kredit verschuldet. Erst wenn er eine Arbeitsleistung erbringt, diese verkauft und Geld erhält, kann er seine Kreditschuld tilgen und wird schuldenfrei. In unserem Fall erbrachte K die Arbeitsleistung durch die Herstellung von Obst. Durch den Verkauf des Obstes an L erhielt er Geld aus einer eigenen Arbeitsleistung und damit Eigenkapital und tilgte seine Schuld gegenüber der A-Bank.

In unserem Fall wurde der schuldenfreie Urzustand wiederhergestellt, weil K sein Obst an L als Besitzer von Eigenkapital verkaufte und L keinen Kredit benötigte. Verkauft ein Schuldner sein Arbeitsleistung an einen Besitzer von Eigenkapital und tilgt er mit mit dem Verkaufserlös seine Schuld, so wird die insgesamt vorhandene Verschuldung reduziert.

Wir nehmen an, V gibt die aus dem Baumverkauf erhaltenen Banknoten nicht für Englischunterricht aus, sondern bringt sie zur A-Bank, die ihm 1.000 € als Buchgeld auf seinem Girokonto gutschreibt. Da die Bank die Banknoten zurückerhalten hat, verleiht sie diese ein zweites Mal, und zwar an K1, der ebenfalls Bäume für 1.000 € von V kaufen möchte. Die A-Bank hat an K und K1 Kredite von insgesamt 2.000 € vergeben und damit in dieser Höhe Geld geschöpft. Das Geld ist im Besitz von V und K1. V hat 1.000 € Buchgeld als Eigenkapital und K1 hat 1.000 € Banknoten als geliehenes Geld bzw. Fremdkapital.

Der Vorgang, dass die von der A-Bank verliehenen Banknoten wieder bei ihr eingezahlt werden, sodass die Buchgeldmenge steigt, kann sich x-mal wiederholen. Mit steigender Buchgeldmenge steigt die Wahrscheinlichkeit, dass V die Auszahlung eines Teiles der 1.000 € Banknoten verlangt. Die A-Bank muss dies einkalkulieren und einen Teil der Banknoten in Reserve halten, um gegebenenfalls Banknoten auszahlen zu können. Sie kann daher die 1.000 € Banknoten nicht jedes Mal in vollem Umfang verleihen. Sie ist denn auch verpflichtet, eine bestimmte Menge an Banknoten bzw. Zentralbankgeld als Mindestreserve zu halten.

Die Möglichkeit, aus 1.000 € Banknoten bzw. Zentralbankgeld beliebig viel Buchgeld zu schöpfen, ist durch die Mindestreservepflicht, deren Höhe sich nach bestimmten Verpflichtungen der Banken bemisst, begrenzt. Die A-Bank muss bereits für die erste Buchgeldschöpfung eine Mindestreserve anlegen, die bei einem angenommenen Mindestreservesatz von 10% auf das Buchgeld 100 € beträgt. Die A-Bank kann somit die von V erhaltenen 1.000 € Banknoten nur in Höhe von 900 € an K1 verleihen. Nach jedem Kredit wird die Möglichkeit der Kreditvergabe geringer. Beim 10. Kredit kann die A-Bank nur noch 387 € verleihen. Mit 1.000 € Banknoten hat sie bei der 10. Kreditvergabe nicht 10.000 € Buchgeld geschöpft, sondern nur 6.513 €, wie die nachstehende Aufstellung zeigt.

	Buchgeld-schöpfung im Einzelfall	Summe Buchgeld-schöpfung	Mindest-reserve im Einzelfall	Summe Mindest-reserve
1. Kredit	1000	1000	100	100
2. Kredit	900	1900	90	190
3. Kredit	810	2710	81	271
4. Kredit	729	3439	73	344
5. Kredit	656	4095	66	410
6. Kredit	590	4686	59	469
7. Kredit	531	5217	53	522
8. Kredit	478	5695	48	570
9. Kredit	430	6126	43	613
10. Kredit	387	6513	38	651

Die A-Bank hat aus 1.000 € Banknoten bzw. Zentralbankgeld 6.513 € Buchgeld geschöpft. Für diese Buchgeldschöpfung benötigte sie die Zentralbank nicht. Dies zeigt, dass sie von der Zentralbank relativ unabhängig ist und in eigener Regie eine hohe Menge Buchgeld schöpfen kann. Sie kann einen Kredit auch, ohne im Besitz von Banknoten bzw. Zentralbankgeld zu sein, einfach dadurch gewähren, dass sie auf dem Girokonto ihres Kreditnehmers den Kreditbetrag bucht und, um ihrer Mindestreservepflicht zu genügen, einen Kredit in Höhe der Mindestreserve bei der Zentralbank aufnimmt. Die Bank kann somit Buchgeld aus dem Nichts durch Kreditvergabe schöpfen ebenso wie die Zentralbank Zentralbankgeld durch Kreditvergabe aus dem Nichts schöpfen kann.

Die Abwicklung des eingangs geschilderten Urzustand-Falles ohne Banknoten stellt sich wie folgt dar: Die Zentralbank bucht 1.000 € auf dem Zentralbankkonto der A-Bank. Damit erhält die A-Bank Zentralbank-Buchgeld, was der Aushändigung von 1.000 € Banknoten durch die Zentralbank an die A-Bank entspricht. Die A-Bank bucht 1.000 € als Kredit auf dem Girokonto des K und schöpft damit Buchgeld. Dies entspricht der Auszahlung der Banknoten an K. Vom Girokonto des K werden die 1.000 € – auch V und L haben ein Girokonto bei der A-Bank - auf das Girokonto des V, danach auf das Girokonto des L und weiter auf das Girokonto des K umgebucht. K hat 1.000 € Buchgeld, mit dem er den Kredit tilgen kann. Die Tilgung erfolgt dadurch, dass die A-Bank die 1.000 € auf dem Girokonto des K löscht. Da die A-Bank die 1.000 € Zentralbankgeld nicht mehr benötigt, zahlt sie den Kredit an die Zentralbank zurück, indem sie die Löschung der Gutschrift auf ihrem Zentralbankkonto veranlasst.

Dadurch dass die Banken praktisch nach freiem Ermessen Buchgeld schöpfen und als Kredit vergeben können, wodurch sie Zinsen erhalten, ist weitgehend wieder der Zustand wie bei den Zettelbanken hergestellt (S. 4 und 6). Waren früher die Zettel nicht voll durch Goldmünzen gedeckt, so ist heute das Buchgeld nicht voll durch Zentralbankgeld gedeckt. Durch die Einrichtung der Zentralbank sollte eigentlich verhindert werden, dass jede Bank Geld ohne Deckung schöpfen kann. Nicht ohne Grund wird daher gefordert, das Buchgeld müsse voll durch

Zentralbankgeld gedeckt und „Vollgeld" sein, was durch eine entsprechende der Mindestreservepflicht erreicht werden könnte. Durch das „Vollgeld" hätte die Zentralbank wieder die uneingeschränkte Herrschaft über das Geld wie früher, als praktisch nur mit Banknoten gezahlt wurde.

Die Herrschaft über das Geld ist weitgehend auf die Banken übergegangen. Die Banken schöpfen Buchgeld und erst danach stellt sich für sie die Frage, in welchem Umfang sie Zentralbankgeld benötigen und in welchem Umfang sie sich bei der Zentralbank "refinanzieren" müssen. Zum Zweck der "Refinanzierung" erhalten sie von der Zentralbank einen "Refinanzierungskredit". Der Zinssatz für diesen Kredit ist der "Hauptrefinanzierungssatz" (Hauptleitzins bzw. Leitzins). Wenn man so will, geben die Banken den Takt vor und die Zentralbank leistet Folge, indem die Zentralbank das benötigte Zentralbankgeld bereitstellt.

Die Banken sind in der Festsetzung des Zinssatzes, den sie von ihren Kreditnehmern fordert, relativ frei. Da sie für die von ihnen vergebenen Kredite nicht in gleicher Höhe Zentralbankgeld benötigen, entstehen für sie geringere Zinskosten. Senkt die Zentralbank den Leitzins, dann muss sich das nicht eins zu eins auf die Zinsen, die von den Kreditnehmern der Banken zu zahlen sind, auswirken. Allein der Wettbewerb zwischen den Banken sorgt dafür, dass auch die Zinsen für die Kreditnehmer der Banken sinken.

8. Der Buchgeldtransfer

K hat einen Kredit der A-Bank von 1.000 € als Buchgeld auf seinem Girokonto erhalten. Was geschieht, wenn K die 1.000 € auf das Konto des V, das dieser bei der inzwischen gegründeten B-Bank hat, transferieren will?

Betrachten wir zunächst den Geldtransfer mit Banknoten. K lässt sich das Buchgeld in Banknoten auszahlen. Er bringt die Banknoten zur B-Bank und diese schreibt dem V 1.000 € auf dessen Girokonto gut. Schauen wir uns diesen Vorgang etwas genauer an:

Die A-Bank hatte, als sie im Besitz der Banknoten war, Zentralbankgeld. Durch die Auszahlung der Banknoten an K wurden die Banknoten zu Geld. Indem K die Banknoten bei der B-Bank einzahlte, wurden die Banknoten wieder zu Zentralbankgeld.

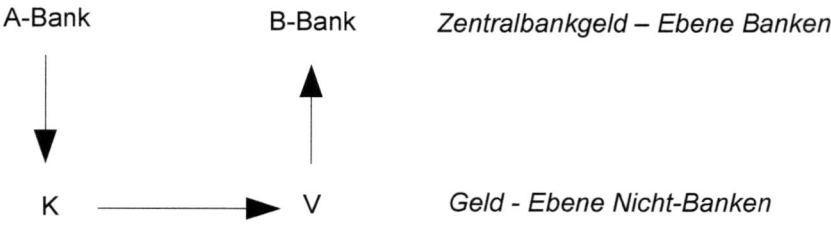

Wie der Geldtransfer mit Banknoten zeigt, ist Zentralbankgeld im Spiel. Nichts anderes kann für den Buchgeldtransfer gelten. Beim Buchgeldtransfer bucht die A-Bank 1.000 € vom Girokonto des K ab und die B-Bank bucht eine Gutschrift von 1.000 € auf dem Girokonto des V. Da die B-Bank die Gutschrift nicht ohne einen Gegenwert vornimmt, muss sie einen Gegenwert von der A-Bank, in deren Auftrag sie die Buchung vornimmt, erhalten. Zu diesem Zweck überweist die A-Bank von ihrem Zentralbankkonto 1.000 € auf das Zentralbankkonto der B-Bank. Die A-

Bank verliert Zentralbankgeld, was der Auszahlung der Banknoten entspricht und die B-Bank erhält Zentralbankgeld, was der Einzahlung der Banknoten bei ihr entspricht.

Kurz gesagt gesagt geschieht beim Buchgeldtransfer folgendes: Vom Girokonto des Zahlenden erfolgt eine Abbuchung und auf dem Girokonto des Zahlungsempfängers erfolgt eine Gutschrift. Ferner erfolgt eine Abbuchung vom Zentralbankkonto der Bank des Zahlenden und eine Gutschrift auf dem Zentralbankkonto der Bank des Zahlungsempfängers.

Wenn eine Bank Zentralbank-Buchgeld aus einem Geldtransfer erhalten hat, kann sie das Zentralbankgeld, soweit es die Mindestreserve übersteigt und sie dadurch eine Überschussreserve hat, zu unterschiedlichen Zwecken nutzen. Sie kann Wertpapiere kaufen oder es bei der Zentralbank anlegen, wobei sie einen Zins erhält, der einer der Leitzinsen ist (Einlagefazilität). Die Bank kann die Überschussreserve auch für einen Kredit an eine andere Bank verwenden. Der Zinssatz für Kredite der Banken untereinander bzw. für Interbankenkredite ist der LIBOR (London Interbank Offered Rate) bzw. EURIBOR (Euro Interbank Offered Rate).

Grundsätzlich benötigen die Banken für den Buchgeldtransfer Zentralbankgeld. Der Buchgeldtransfer kann aber auch ohne Zentralbankgeld abgewickelt werden. Da Geldtransfers sowohl von der A-Bank zur B-Bank als auch umgekehrt stattfinden, kann man den Zahlungsausgleich zwischen diesen Banken vereinfachen. Die an sich notwendigen Zentralbankgeld-Zahlungen werden erfasst und verrechnet, sodass nur der Saldo zu zahlen ist. Bei diesem Verfahren, dem Banken-Clearing, tritt die Empfängerbank in Vorleistung, indem sie Buchgeld schöpft, und sie erhält eine Forderung gegen die Bank, die die Zahlung angewiesen hat.

Durch das Banken-Clearing wird ein Zustand erreicht, wie er bei einer großen Bank mit vielen Girokonten besteht und bei der sich der Geldtransfer als interne Umbuchung darstellt. Zentralbankgeld wird beim Banken-Clearing nur für die Zahlung des Saldos benötigt. Das

Banken-Clearing zeigt einmal mehr, dass die Banken relativ unabhängig von der Zentralbank sind.

In Krisenzeiten schwindet der Glaube an die Zahlungsfähigkeit der Schuldner und auch die Banken als gegenseitige Gläubiger und Schuldner vertrauen einander nicht mehr. Sie sind praktisch nicht mehr zu Krediten bereit, sodass es zu einer sogenannten Kreditklemme (engl. credit crunch) kommt. Sie sind, was das Banken-Clearing betrifft, nicht mehr zu Vorleistungen bereit, sodass für den Geldtransfer höhere Mengen an Zentralbankgeld benötigt werden.

Wenn die Banken eine höhere Menge Zentralbankgeld benötigen, so muss es ihr Bestreben sein, die Besitzer von Buchgeld zu veranlassen, ihr Buchgeld auf Sparkonten mit langer Laufzeit anzulegen. Für langfristige Spareinlagen benötigen die Banken – wenn man von den Spareinlagen als Berechnungsgrundlage für die Mindestreserve absieht - kurzfristig kein Zentralbankgeld.

In den weiteren Ausführungen werde ich zum besseren Verständnis davon ausgehen, dass die Banken für den Buchgeldtransfer Zentralbankgeld benötigen.

9. Zins und Gewinn

Im Urzustand-Fall (S.19) war der schuldenfreie Zustand wieder hergestellt worden. Dabei hatte ich, um den Fall unkompliziert darzustellen, den Zins außer acht gelassen. Den schuldenfreien Zustand gibt es nur beim Tauschhandel (S. 1 und 20), nicht aber beim Handel unter Einsatz von Geld.

Wenn K im Urzustand-Fall einen Kredit bei der A-Bank aufnimmt, so entsteht nicht nur die Schuld, den Kredit zurückzuzahlen, sondern auch eine Zinsschuld, sagen wir in Höhe von 50 €. Während in Höhe des Kredits Geld geschöpft wurde, ist für die Bezahlung der Zinsschuld kein Geld vorhanden. K kann seine Zinsschuld nur bezahlen, wenn er weiteres Obst für 50 € verkauft. Der Käufer des Obstes muss einen Kredit von 50 € aufnehmen, weshalb Geld in Höhe von 50 € geschöpft werden muss. Der Kredit des Käufers löst eine weitere Zinsschuld aus und diese kann nur durch eine weitere Geldschöpfung bzw. Verschuldung getilgt werden. Durch den Zins entsteht zwangsläufig eine immer höhere Verschuldung, deren Tilgung eine immer höhere Geldmenge erfordert. Es entsteht eine Aufwärtsspirale der Verschuldung und der Geldmenge.

Der Zins ist Bestandteil des Kredits und dieser als Ursprung des Geldes Bestandteil des Finanzsystems. Damit ist der Zins Bestandteil des Finanzsystems. *Das Finanzsystem ist wegen der infolge des Zinses notwendigerweise steigenden Verschuldung ein Aufwärtsspiral-System.*

Der Gewinn, der durch Kurs- und Preissteigerungen entsteht, ist eine Verzinsung des eingesetzten Geldes und somit eine besondere Form des Zinses. Ebenso wie der Zins macht der Gewinn eine zusätzliche Geldschöpfung und damit Verschuldung erforderlich. Der Zins und das Streben nach Gewinn erfordern steigende Arbeitsleistungen, damit die dabei entstehenden Schulden getilgt werden können. Sie sind die Triebfeder, die zu steigender Gütermenge und steigender Güterqualität und damit zu steigendem Wohlstand führt.

Der Anstieg der Geldmenge und der Verschuldung lässt sich an langfristigen US-Statistiken über die Geldmenge und über die Verschuldung der Unternehmen (Unternehmen der Realwirtschaft) ablesen:

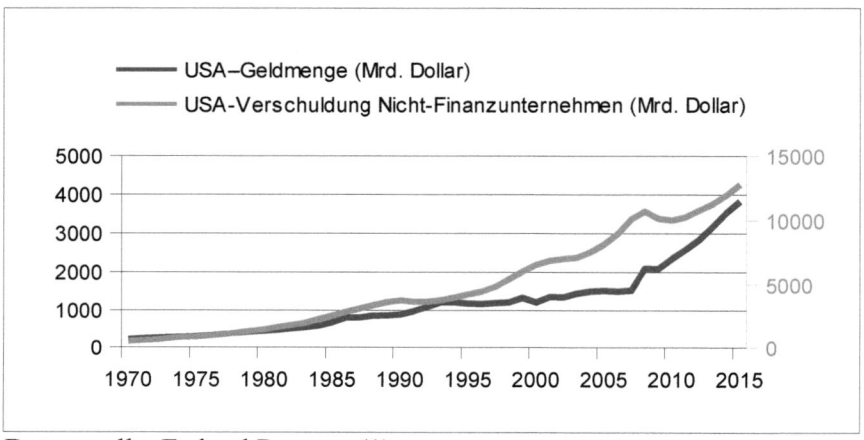

Datenquelle: Federal Reserve (1)

Wer Geld hat und es verleiht, erhält durch den Zins und Zinseszins zusätzliches Geld bzw. eine Geldforderung. Wer verschuldet ist, dessen Schulden steigen, wenn es ihm nicht gelingt, durch Herstellung und verkauf einer Arbeitsleistung die Schulden zu reduzieren. Die Kluft zwischen Geldbesitzer und Schuldner wird möglicherweise immer größer. Wohl aus diesem Grund wird zuweilen die Forderung nach der Abschaffung des Zinses erhoben.

Ein Zinsverbot gab es im Mittelalter und gibt es noch heute im Islam. Es ist nicht begründet. Der Zins ist die Gegenleistung für die Nutzung fremden Geldes zu eigenen Zwecken. Für die Nutzung einer fremden Sache (Auto, Haus) ist ein Mietzins zu zahlen ist, was nicht in Frage gestellt wird. Ebenso wenig kann der Zins für die Nutzung fremden Geldes in Frage gestellt werden. Ein Zinsverbot kann im übrigen leicht umgangen werden, indem der Kreditgeber den vom Kreditnehmer gewünschten Gegenstand kauft und der Kaufpreis in Raten, in die ein Gewinn – und somit eine Verzinsung des eingesetzten Geldes - eingerechnet wird, gezahlt wird. Es ist Sache des Staates, durch Umverteilungsmaßnahmen dafür zu sorgen, dass die Kluft zwischen Geldbesitzer und Schuldner nicht zu groß wird. Der Zins hat zudem für die Zentralbank eine wichtige Steuerungsfunktion im Hinblick auf den Geldwert (s. 17).

Problematisch ist es, wenn die Aufwärtsspirale sich zu schnell dreht und die Geldmenge und Verschuldung übermäßig steigen. Nehmen wir an, K verkauft die Bäume, die er von V für 1.000 € erworben hat, für 2.000 € an X und dieser verkauft sie für 3.000 € an einen Käufer, der sie mit Gewinn weiterverkaufen will. Die Geldmenge und die Verschuldung steigen übermäßig. Der letzte Käufer in der Schuldenkette wird zahlungsunfähig, wenn er niemanden findet, der ihm die Bäume zu dem übermäßig gestiegenen Preis abkauft. Zudem wird sich keine Bank finden, die einen Kredit für den Kauf zu einem übermäßigen Preis gibt. Wenn somit der letzte Käufer die gekaufte Sache nicht weiterverkaufen und er den hohen Kredit, den er für den Kauf der Sache aufgenommen hat, nicht zurückzahlen kann, kommt die Aufwärtsspirale zum Stillstand. Der letzte Käufer wird zahlungsunfähig. Seine Bank muss die Forderung auf Rückzahlung des Kredits abschreiben und damit auf die Forderung verzichten. Durch den Forderungsverzicht – aus der Sicht der Schuldner ist es ein Schuldenerlass oder Schuldenschnitt, auch Haircut (engl. wörtlich Haarschnitt) genannt - wird die Verschuldung de facto reduziert.

Im Hinblick darauf, dass die Schulden ständig steigen und die Gefahr besteht, dass Schulden nicht getilgt werden können, wird das Finanzsystem von Kritikern als Schneeballsystem oder Ponzi-System bezeichnet. Ponzi war ein amerikanischer Betrüger, der Anleger mit hohen Zinsen köderte. Er bestritt die hohen Zinszahlungen mit den Einzahlungen der Anleger. Bleiben die Einzahlungen aus, erhalten die Anleger nicht die versprochenen Zinsen und auch ihre Einzahlungen nicht zurück. Das System kollabiert.

10. Die Finanzunternehmen

Außer den Banken gibt es noch andere Finanzinstitute, z.B. Pensionsfonds, Investmentfonds, Hedgefonds, Versicherungen, Bausparkassen. Sie haben keinen Zugang zur Zentralbank und haben daher keine Zentralbankkonten, sondern Girokonten bei den Banken. Diese Finanzinstitute bezeichne ich als Finanzunternehmen. Ihr Unternehmenszweck ist die Vermehrung des Geldes, das sie von Anlegern erhalten.

Die Aktivitäten der Finanzunternehmen entsprechen in vielfacher Hinsicht denen der Banken. Die Finanzunternehmen werden daher auch Schattenbanken genannt. Sie vergeben z.B. Kredite an Kreditnehmer mit geringerer Bonität, die von Banken keine Kredite erhalten. Im Unterschied zu den Banken sind sie weitgehend nicht reguliert und unterliegen nicht der Bankenaufsicht. Um hohe Gewinne zu erzielen, sind sie im Wertpapiergeschäft mit hohen Risiken aktiv. Dies gilt vor allem für die Hedgefonds, deren irreführende Bezeichnung darauf beruht, dass ihr ursprünglicher Zweck die Absicherung (to hedge engl. absichern) war.

Die Finanzunternehmen agieren – wie die Banken - sowohl in der Realwirtschaft als auch in der Finanzwirtschaft. Sie emittieren, kaufen und verkaufen Wertpapiere, und zwar sowohl an Banken oder andere Finanzunternehmen als auch an Unternehmen und an Privathaushalte.

Viele Banken haben Finanzunternehmen als Tochterunternehmen gegründet. Die Tochterunternehmen erhaltenen notfalls Kredite ihrer Mutterbanken.

Die Finanzunternehmen sind keine Geld schöpfende Institute, sondern Vermittler von Geld (Finanzintermediäre). Wenn sie Geld zur Verfügung stellen und einen Kredit geben, dann tun sie dies mit dem Geld der Anleger. Das Geld der Anleger ist für sie Fremdkapital und bedeutet Verschuldung. Nehmen sie auch noch Kredite bei den Banken auf oder emittieren Anleihen, steigt ihre Verschuldung zusätzlich.

Da die Banken und Finanzunternehmen in hohem Maße mit Fremdmitteln arbeiten, steigt ihre Verschuldung bei der Ausweitung ihrer Geschäfte. Die Entwicklung der Verschuldung des US-Finanzsektors (Banken und Finanzunternehmen) seit 1970 ist im nachstehend Diagramm dargestellt.

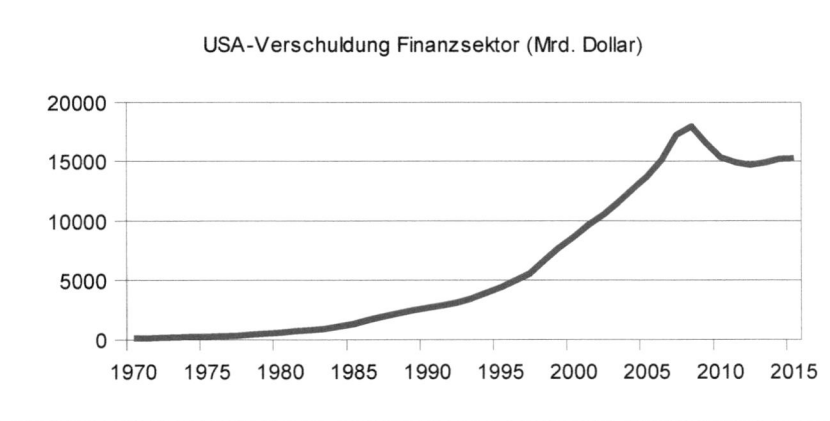

Datenquelle: Federal Reserve (2)

Es gibt Bestrebungen, auch die Finanzunternehmen bzw. Schattenbanken zu regulieren. Es besteht jedoch ein wesentlicher Unterschied zwischen den Banken und den Schattenbanken. Die Banken haben mit dem Buchgeld die Herrschaft über einen großen Teil des Geldes, da das Buchgeld das gesetzliche Zahlungsmittel Banknote weitgehend verdrängt hat. Jeder ist praktisch gezwungen, ein Girokonto zu haben, da der Gesetzgeber die Zahlung mit Buchgeld zuweilen vorschreibt. Im Falle einer Bankenpleite geht mit der Bank auch das Buchgeld auf den Girokonten unter. Gehen viele Banken, insbesondere große Banken pleite, gibt es praktisch kein Geld mehr und Zahlungen können nicht mehr erfolgen. Der Staat, die Unternehmen und Privathaushalte erhalten kein Geld und können ihre Zahlungsverpflichtungen nicht erfüllen. Das Finanzsystem und damit die staatlichen Funktionen und die Wirtschaft kollabieren. Um dies zu verhindern, müssen die Banken im Vergleich zu anderen Finanzunternehmen besonders streng reguliert und kontrolliert werden. Wer sein Geld einem Finanzunternehmen, das nicht reguliert und kontrolliert wird und das besonders hohe Renditen verspricht, zur Verfügung stellt, muss wissen, dass das Finanzunternehmen die hohen Renditen nur mit hohen Risiken erzielen kann und dass er sein Geld der Gefahr des Verlustes aussetzt. Nur wer wagt gewinnt, sagt man. Wer wagt, kann aber auch verlieren.

11. Das Wirtschaftswachstum

Das Wirtschaftswachstum ist die Zunahme an Gütern. Die Summe aller in einem Staat hergestellten Güter ist das Bruttoinlandsprodukt. Im Urzustand-Fall (S. 19) haben V, L und K Bäume, Englischunterricht und Obst hergestellt und zum Preis von jeweils 1.000 € verkauft. Sie haben damit zusammen in Höhe von 3.000 € zum Bruttoinlandsprodukt beigetragen. Hätte K den Kredit noch nicht zurückzahlen müssen und hätte er mit den 1.000 €, die er aus dem Verkauf von Obst als Eigenkapital erhalten hatte, ein zweites Mal Bäume von V gekauft und hätten auch V und L ein zweites Mal Englischunterricht und Obst für 1.000 € gekauft, wären die vorhandenen 1.000 € ein zweites Mal umgelaufen, ohne dass eine Kreditaufnahme notwendig gewesen wäre. Das Bruttoinlandsprodukt hätte sich verdoppelt. Je häufiger das vorhandene Geld umläuft, je höher also die Geldumlaufgeschwindigkeit ist, desto höher ist das Bruttoinlandsprodukt. Ein steigendes Bruttoinlandsprodukt bedeutet höhere Arbeitsleistungen, mehr Arbeitsplätze, hohes Wirtschaftswachstum. „Der Rubel muss rollen" heißt es treffend.

Außer durch eine hohe Geldumlaufgeschwindigkeit steigt das Bruttoinlandsprodukt durch Verschuldung. Je mehr Kredite aufgenommen und mit ihnen Güter gekauft werden, desto höher ist das Bruttoinlandsprodukt. Das Bruttoinlandsprodukt steigt notwendigerweise schon wegen des Zinses. K muss für seinen Kredit Zinsen zahlen (S. 27). Bei 50 € Zinsen muss er, um seine Schuld zu zahlen Obst für 1.050 € produzieren und verkaufen. Der Käufer des Obstes benötigt einen Kredit von 1.050 €, auf den er Zinsen zahlen zahlen muss, sagen wir 20 €. Er muss somit Güter im Wert von 1.070 € produzieren und verkaufen, sei es dass er eine höhere Menge an Gütern produziert oder dass er für seine Güter einen Preis von 1.070 € erzielt. Das Finanzsystem als Aufwärtsspiral-System gilt somit auch für das Bruttoinlandsprodukt.

Das Bruttoinlandsprodukt wird in Preisen gemessen. Hätten V, L und K ihre Leistungen getauscht, wären keine Preise vereinbart worden und ihre Arbeitsleistungen würden nicht bei der Berechnung des Bruttoinlandsprodukt berücksichtigt. Das gleiche gilt auch für andere Arbeitsleistungen, die nicht Gegenstand einer Vereinbarung sind und für die kein Preis festgesetzt wird, z.B. für die Eigenleistungen beim Bau eines Eigenheims oder für die Leistungen einer Hausfrau. Es handelt sich um Arbeitsleistungen, durch die vollwertige Güter hergestellt werden, die aber nicht bei der Berechnung des Bruttoinlandsprodukt berücksichtigt werden. Die Berechnung des Bruttoninlandsprodukts geht von einer arbeitsteiligen Wirtschaft aus, in der jeder Arbeitsleistungen für einen anderen zu einem bestimmten Preis erbringt. In einer Volkswirtschaft, in der in großem Umfang Eigenleistungen erbracht werden, spiegelt das Bruttoinlandsprodukt die wirtschaftlichen Leistungen und den Wohlstand der Gesellschaft nur unvollständig wider.

Eine hohe Geldumlaufgeschwindigkeit und der Kauf von Gütern auf Kredit sind die Faktoren des Wirtschaftswachstums. Steigendes Wirtschaftswachstum ist erfreulich, da es mit einer Zunahme an Gütern und Arbeitsplätzen verbunden ist. Allerdings darf der Anstieg der Verschuldung nicht übersehen werden. Wenn der Gesetzgeber im Stabilitäts- und Wachstumsgesetz von 1967 ein angemessenes - nicht ein höchstmögliches Wirtschaftswachstum - als Ziel formulierte, so dürfte er auch die Gefahr einer übermäßigen Verschuldung im Auge gehabt haben.

Da das Bruttoinlandsprodukt in Preisen und damit nominal gemessen wird, ergibt sich daraus eine nominale Darstellung des Wirtschaftswachstums. Wenn die Preise steigen, steigt das nominale Wirtschaftswachstum ohne dass die Menge der Güter steigt. Nach Abzug der Preissteigerung ergibt sich das tatsächliche bzw. reale Wirtschaftswachstum, das in der Regel Gegenstand des Interesses ist.

Wir wollen uns die Entwicklung der Verschuldung und des Bruttoinlandsprodukts etwas näher ansehen. Von Interesse ist die Entwicklung der Verschuldung der Privathaushalte durch Konsumkredite, da die mit ihnen finanzieren Käufe von Konsumgütern einen direkten Bezug zum Bruttoinlandsprodukt haben. In den USA stellt sich die Entwicklung des Bruttoinlandsprodukts und der Verschuldung durch Konsumkredite wie folgt dar:

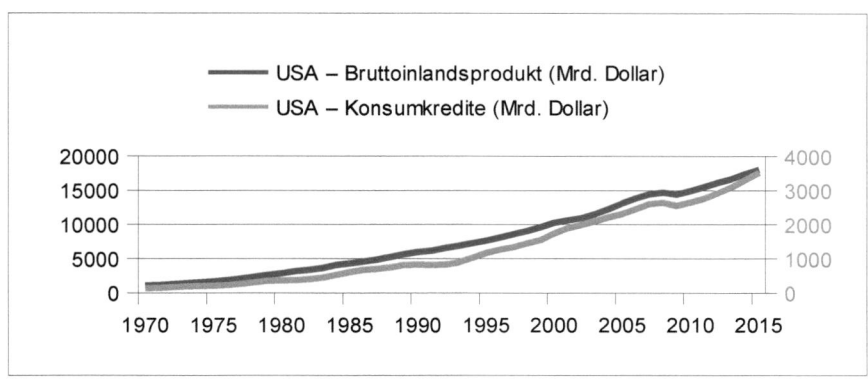

atenquelle: U.S. Bureau of Economic Analysis; Federal Reserve (3)

Das Bruttoinlandsprodukt und die Konsumkredite sind im gleichen Verhältnis gestiegen sind, was zeigt, dass es einen Zusammenhang zwischen Verschuldung und Wirtschaftswachstum gibt.

Für Deutschland ist eine Statistik über die Verschuldung der Privathaushalte verfügbar, in der auch die Hypothekenkredite und ferner die Verschuldung der privaten Organisationen ohne Erwerbszweck enthalten sind. Obwohl sie mit der der US-Statistik nicht direkt vergleichbar ist, kann sie näherungsweise für einen Vergleich mit dem Bruttoinlandsprodukt herangezogen werden. Dieser Vergleich stellt sich wie folgt dar:

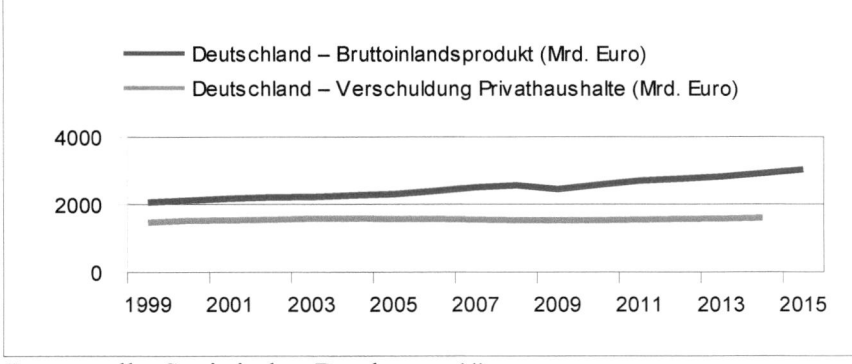

Datenquelle: Statistisches Bundesamt (4)

Die Verschuldung der deutschen Privathaushalte ist relativ niedrig. Von 1999 bis 2014 ist sie um 9% gestiegen, während das deutsche Bruttoinlandsprodukt um 41% gestiegen ist. Da das Bruttoinlandsprodukt nicht so sehr auf Krediten deutscher Privathaushalte beruht, könnte man annehmen, es beruhe auf einer hohen Geldumlaufgeschwindigkeit und somit auf der Ausgabe von Eigenkapital der deutschen Privathaushalte. Dies ist jedoch nicht der Fall. In Deutschland ist die Sparbereitschaft der Privathaushalte hoch. Der Anstieg des Bruttoinlandsprodukts kann somit nur durch die Nachfrage aus dem Ausland erklärt werden. Ausländische Privathaushalte kaufen, gegebenenfalls auf Kredit, deutsche Güter.

Wirtschaftswachstum setzt voraus, dass Geld - Eigenkapital oder Geld, das aus einem Kredit bzw. einer Verschuldung stammt - ausgegeben wird. Das Sparen dient nicht dem Wirtschaftswachstum. Jedoch können die Banken die Spareinlagen und das Zentralbankgeld, das sie mit ihnen erhalten haben und das sie bei langfristigen Spareinlagen nicht benötigen, für Kredite an Privathaushalte oder an Unternehmen nutzen.

Es gibt Phasen mit hohem und niedrigem Wirtschaftswachstum. Diese Phasen sind die mehr oder weniger regelmäßigen Konjunkturzyklen. Ein Stillstand des Wirtschaftswachstums bzw. eine Stagnation oder gar ein Rückgang, auch Rezession oder Minuswachstum genannt, widerspricht den Finanzsystem als Aufwärtsspiral-System. Er ist daher selten. Die größte Rezession der Nachkriegszeit gab es in der Finanzkrise 2008 (-2,8% in den USA und -5,6% in Deutschland).

Wie die nachstehenden Diagramme zeigen, ist eine langfristig rückläufige Tendenz beim Wirtschaftswachstum erkennbar. Der Bedarf an Gütern in den entwickelten Volkswirtschaften ist weitgehend gedeckt. Die Privathaushalte sind mit allen wichtigen Konsumgütern ausgestattet (Auto, Fernsehgerät, Computer). Der Bedarf besteht nur als Ersatzbedarf oder dadurch, dass infolge technischer Neuerungen die vorhandenen Konsumgüter in kurzer Zeit durch neue ersetzt werden.

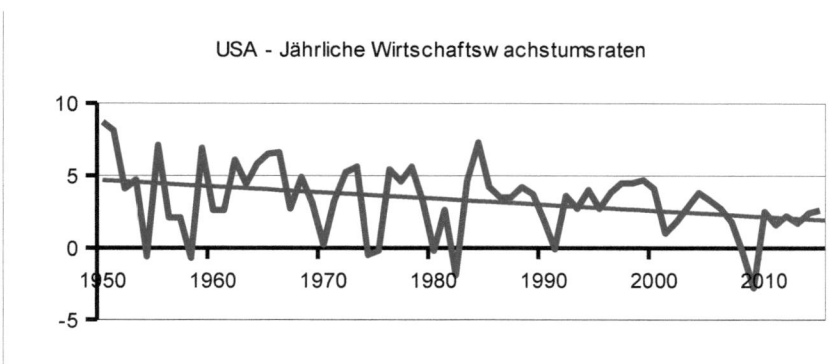

Datenquelle: U.S: Bureau of Economic Analysis (5)

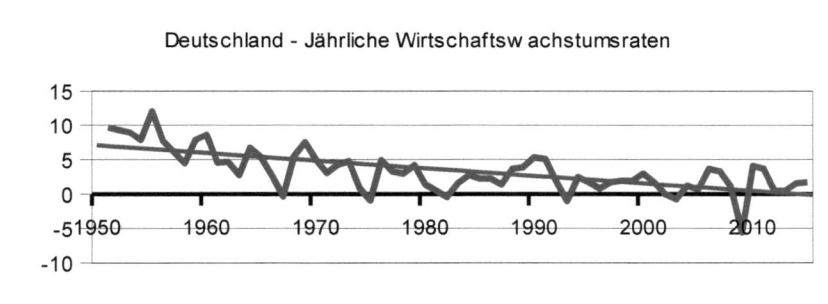

Datenquelle: Statistisches Bundesamt (6)

In Japan bewegt sich das Wirtschaftswachstum um die Null-Linie.

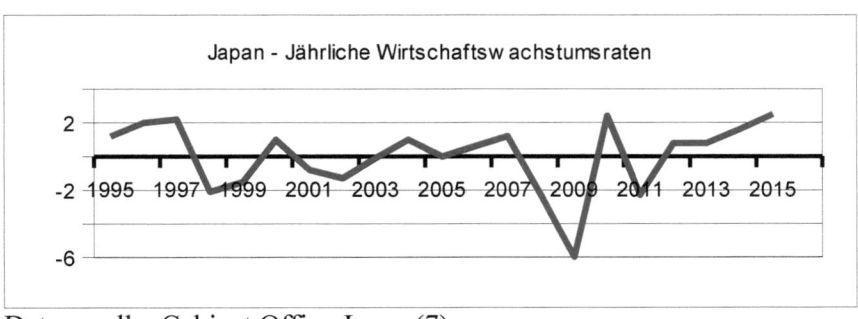

Datenquelle: Cabinet Office Japan (7)

Zur Bekämpfung eines Rückgangs des Wirtschaftswachstums gibt es im Prinzip zwei Ansätze: Die künstliche Steigerung der Nachfrage nach Gütern durch den Staat und die Bereitstellung hoher Mengen an Geld. Sie werden auch als Nachfragetheorie bzw. als Angebotstheorie bezeichnet.

Die Nachfragetheorie geht auf den Ökonomen John Maynard Keynes zurück. Der Staat sollte die ausfallende private Nachfrage durch staatliche Nachfrage ersetzen. Er sollte Ausgaben vorziehen und diese konjunkturfördernden Ausgaben bzw. Konjunkturprogramme mit Krediten finanzieren (deficit spending), die er mit den Steuermehreinnahmen, die er aus dem späteren höheren Wirtschaftswachstum erhält, zurückzahlen.

Die Nachfragetheorie ist umstritten. Es bestehe die Gefahr, lautet die Kritik, dass der Staat am Bedarf vorbei plant und Geld für Projekte ausgibt, die wirtschaftlich wenig Sinn machen. Konjunkturprogramme würden nur ein kurzes Strohfeuer entfachen und nicht zu einem selbsttragenden Wirtschaftswachstum führten, sondern nur eine hohe Staatsverschuldung hinterlassen. Die Kritik an den Konjunkturprogrammen ist berechtigt. Nicht berechtigt ist die Kritik an der Keynes'sche Nachfragetheorie insofern, als diese nie konsequent angewandt wurde. Unter Berufung auf die Theorie wurden völlig neue Projekte geplant und realisiert und nicht bereits geplante Projekte lediglich vorgezogen. Zudem wurden mit den Steuermehreinnahmen nicht die zuvor aufgenommenen Kredite getilgt, sondern wiederum völlig neue Maßnahmen mit hohen Folgekosten finanziert.

Die von Milton Friedman vertretene Angebotstheorie besagt, dass die Zentralbank die Zentralbankgeldmenge erhöhen soll, sodass die Banken großzügig Kredite an die Realwirtschaft vergeben und die Geldmenge erhöhen. Ob die Unternehmen und Privathaushalte von den günstigen Krediten Gebrauch machen und bereits sind, sich zu verschulden – ob die „Pferde auch saufen werden", wenn sie vor der mit Geld gefüllten Tränke stehen - ist keineswegs sicher. Notfalls sollte, so Friedman, die Zentralbank eine Menge Banknoten aus einem Helikopter auf die Menschen herabwerfen, damit die Menschen Geld erhalten, um es auszugeben. Ob die Menschen jedoch dieses Helikoptergeld zum Kauf von Konsumgütern nutzen, ist nicht gesagt. Möglicherweise tilgen sie zunächst einmal ihre Schulden oder sie sparen. Abgesehen davon würde die Zentralbank mit ihrem Geldgeschenk, das nicht auf einer Arbeitsleistung beruht, das Geld entwerten.

Die geldpolitischen Maßnahmen der Zentralbank sind nicht unproblematisch. Die Banken nutzen die hohen Mengen an Zentralbankgeld, das ihnen die Zentralbank zur Verfügung stellt, unter Umständen nicht für Kredite an die Realwirtschaft, sondern für Geschäfte innerhalb der Finanzwirtschaft. Sie kaufen z.B. Aktien oder geben Kredite zum Kauf von Aktien, sodass die Aktienkurse aufgrund der Zentralbankgeldmenge bzw. der Geldmenge steigen und nicht aufgrund von realwirtschaftlichen Arbeitsleistungen in den Betrieben der Aktiengesellschaft. Das eigentliche Ziel der geldpolitischen Maßnahmen, das Wachstums in der Realwirtschaft zu beleben, wird nicht erreicht.

Einen völlig anderen Ansatz zur Stimulierung der Geldausgabe, der nicht die Vergrößerung, sondern die Verringerung der Geldmenge beinhaltete, gab es im Mittelalter mit dem Geldsystem der Brakteaten. Die Brakteaten waren dünne Goldmünzen (lateinisch brattea Goldplättchen). Der Herrscher erklärte die Brakteaten zu einem vorher festgelegten Stichtag für ungültig. Die Geldbesitzer mussten die alten Brakteaten gegen neue eintauschen, erhielten aber eine geringere Anzahl neuer Brakteaten. Um dem drohenden Geldschwund zu entgehen, gab man die alten Brakteaten vor dem Stichtag aus. Auf dem gleichen Prinzip beruhte das sogenannte Schwundgeld der österreichischen Gemeinde Wörgl, die 1932 versuchte, die Bürger zu Mehrausgaben zu veranlassen, um die hohe Arbeitslosigkeit zu bekämpfen. Damit das von der Gemeine Wörgl ausgegebene Geld gültig blieb, mussten die Besitzer der Geldscheine jeden Monat eine Marke kaufen und damit die Geldscheine bekleben. Das Geldexperiment, das nach einiger Zeit gerichtlich untersagt wurde, hatte Erfolg. Ob der Erfolg von Dauer gewesen wäre und ein Schwundgeldsystem in der heutigen Zeit gesättigter Märkte funktioniert, ist die Frage.

Eine wesentliche Ursache für das niedrige Wirtschaftswachstum ist der gewaltige technische Fortschritt (Stichwort: Menschenleere Fabrik). Güter werden massenweise mit geringer Arbeitsleistung zu niedrigen Stückkosten produziert. Wegen der niedrigen Stückpreise bedarf es hoher Verkaufszahlen, um ein angemessenes Bruttoinlandsprodukt zu erzielen. Höhere Stückpreise sind nur bei innovativen Produkten zu erzielen, wobei die Preise nach kurzer Zeit fallen, da es wegen der durch den technischen Fortschritt bedingten kurzen Produktionszyklen bereits die nächste Produktinnovation gibt. Eine Ursache für das niedrige Wirtschaftswachstum dürfte zudem die hohe Verschuldung der Unternehmen und Privathaushalte in einigen Ländern sein, sodass eine weitere Verschuldung – und damit Wirtschaftswachstum – nicht möglich ist.

Der gewaltige technische Fortschritt seit den 1990er Jahren beruht auf dem Computer, dessen Leistungsfähigkeit ständig steigt. Der Computer hat ein neues Zeitalter eingeleitet. Er ist vergleichbar mit der Erfindung der Dampfmaschine, mit der die industrielle Revolution begann. Der Computer ist wie die Dampfmaschine eine sogenannte Basisinnovation, die zur Produktion von Massengütern genutzt wird. Basisinnovationen sind die Grundlage der langwelligen über viele Jahrzehnte sich erstreckende Konjunkturzyklen, die von dem russischen Ökonomen Kondratieff entdeckt und nach ihm benannt wurden.

Die Bereitschaft der Privathaushalte zum Kauf von Gütern ist vom Glauben an eine künftige positive Entwicklung abhängig. Glaubt man den Arbeitsplatz sicher, ist man positiv gestimmt. Die Bereitschaft zum Kauf steigt und damit die Bereitschaft, sein Geld bzw. Eigenkapital auszugeben oder einen Kredit aufzunehmen. Besteht eine große Kaufbereitschaft der Privathaushalte, sind die Unternehmen zur Investition bereit und schaffen Arbeitsplätze, die wiederum die Bereitschaft der Privathaushalte zur Geldausgabe und zur Kreditaufnahme erhöhen. Sinkt die Stimmung, ist es umgekehrt. Die Kaufbereitschaft geht zurück und damit auch die Investitionsbereitschaft der Unternehmen, die unter Umständen Arbeitsplätze abbauen mit der Folge, dass die Privathaushalte wegen geringerer Einnahmen weniger kaufen.

12. Die Inflation

Unter Inflation versteht man einen übermäßigen Anstieg der Preise, und zwar der Konsumgüterpreise. Der Verkäufer eines Konsumgutes erhält einen übermäßig hohen Geldbetrag, ohne dass er eine höhere Arbeitsleistung erbringt. Er muss aber, wenn er seinerseits ein Konsumgut kauft, ebenfalls einen übermäßig hohen Geldbetrag zahlen. Der übermäßig gestiegene Geldbetrag, der nicht auf einer Arbeitsleistung beruht, hat keinen realen Wert. Die Inflation ist daher nur eine nominale Erhöhung bzw. Aufblähung der Geldbeträge ohne Steigerung der Kaufkraft des Geldes (inflatio lateinisch Aufblähung). Die höheren Geldbeträge bzw. Preise erfordern eine nominal eine höhere Geldmenge und damit eine nominal höhere Verschuldung.

Der übermäßige Anstieg der Preise für Vermögensgegenstände (Gold, Immobilien, Wertpapiere) ist definitionsgemäß keine Inflation. Der übermäßige Anstieg dieser Preise wird als Blase (engl. bubble) bezeichnet, zuweilen auch als Vermögens- oder Assetpreisinflation (asset engl. Vermögenswert).

Die Inflation wird anhand der Preisentwicklung einer Vielzahl von Konsumgütern und deren Gewichtung ermittelt. Die wichtigsten Güterklassen sind: Wohnung, Nahrungsmittel, Bekleidung, Einrichtungsgegenstände. Da für die einzelnen Güterklassen unterschiedliche Preissteigerungen möglich sind, kann der subjektive Eindruck einer hohen Inflation entstehen, etwa bei einer überproportionale Steigerung der Lebensmittelpreise, obwohl die offizielle Inflationsrate niedrig ist. Auch wird die Inflation z.B. bei neuen IT-Geräten in der Weise korrigiert, dass ein zusätzlicher „Spaßgewinn" herausgerechnet wird (sog. hedonische Methode). Dadurch ergibt sich bei den neuen Geräten statistisch eine niedrige Preissteigerung, obwohl für diese Geräte tatsächlich höhere Preise gezahlt werden.

Es wird zwischen allgemeiner Inflationsrate und Kerninflationsrate unterschieden. Die Kerninflationsrate klammert Lebensmittel und Energie aus, da die Preise für diese Konsumgüter zu stark schwanken.

Eine Inflation kann durch höhere Staatsausgaben entstehen, die mit der Notenpresse finanziert werden. Durch die höhere Geldmenge, die nicht auf Steuereinnahmen und damit nicht auf einer Arbeitsleistung beruht, verliert das Geld an Wert. Die Inflation kann ferner durch eine hohe Güternachfrage bei unzureichendem Güterangebot verursacht werden, sodass die Preise und die Geldmenge steigen. Die Preise können schließlich infolge höherer Produktionskosten steigen, z.B. infolge von Steuererhöhungen oder Lohnerhöhungen. Der Rohölpreis spielt eine große Rolle. Das Rohöl ist ein wichtiger Energieträger und der Grundstoff für viele Produkte. Sein Preis wirkt sich auf viele Güter aus. Der Ölpreisschock infolge der Nahoskrise in den 1970er Jahren führte zu einer allgemeinen Preissteigerung und gleichzeitig zu einem Einbruch des Wirtschaftswachstums. Die Stagnation des Wirtschaftswachstums bei gleichzeitiger Inflation wird als Stagflation bezeichnet.

Bei einem starken Anstiegs der Konsumgüterpreise steigen auch die Löhne, die als Kostenfaktor wiederum zu einem Anstieg der Konsumgüterpreise führen, die wiederum Lohnerhöhungen auslösen. Es entsteht unter Umständen eine bedenkliche Lohn- Preisspirale.

Da die steigenden Preise eine steigende Geldmenge erfordern, wird die Zentralbank bei einer drohenden Inflation auf eine Verringerung der Geldmenge hinwirken. Sie stellt den Banken weniger Zentralbankgeld zur Verfügung.

Die Zentralbank beobachtet daher die Entwicklung der „Geldmengen" M1 bis M3. Diese Geldmengen sind je nach Zentralbank unterschiedlich definiert. Ihre Definition lautet etwa wie folgt:

Geldmenge M0: Umlaufende Banknoten und Zentralbank-Buchgeld (Geldbasis)
Geldmenge M1: Umlaufende Banknoten und Buchgeld

Geldmenge M2: M1 + Spareinlagen, Termineinlagen mit einer Laufzeit bis zu 2 Jahren oder einer gesetzlichen Kündigungsfrist von 3 Monaten

Geldmenge M3: M2 + Anteile an Geldmarktfonds, Geldmarktpapiere, Bankschuldverschreibungen mit einer Laufzeit bis zu 2 Jahren

Durch eine Begrenzung der Geldmenge kann die Inflation gehemmt werden. Der Anstieg der Geldmenge ist bei einer Goldwährung von vornherein begrenzt. In der Geschichte gibt es einen Fall, in dem die Goldwährung eine Inflation nicht verhindert hat. Im 16. Jahrhundert hatte Spanien hohe Mengen Gold aus den eroberten südamerikanischen Ländern importiert. Da das Konsumgüterangebot gering war, konnten mit der hohen Menge an Goldgeld höhere Preise gezahlt werden und es entstand eine Inflation.

Es besteht ein Zusammenhang zwischen Zinsen und Inflation. Fordern die Banken höhere Zinsen für langfristige Kredite, so erwarten sie für die späteren Jahre steigende Zinsen, weil sie davon ausgehen, dass es eine Inflation geben und die Zentralbank die Zinsen erhöhen wird. Mit den höheren Zinsen sichern sie sich dagegen ab, dass sie in späteren Jahren höhere Zinsen für ihre eigenen Kredite oder für Spareinlagen zahlen müssen. An der Zinsstrukturkurve lässt sich die künftig erwartete Inflation ablesen. Die Zinsstrukturkurve stellt die Zinshöhe in Abhängigkeit von der Laufzeit der Kredite dar. Steigt die Kurve, dann werden höhere Zinsen gezahlt je länger die Laufzeit der Kredite ist. Bei einem starken Anstieg der Kurve wird eine Inflation erwartet. Der normale Verlauf der Zinsstrukturkurve ist leicht ansteigend, was dem Umstand Rechnung trägt, dass der Kreditgeber ein umso höheres Risiko eingeht, je länger die Laufzeit ist. Dieses Risiko wird mit steigenden Zinsen honoriert. Bei fallender bzw. inverser Zinsstrukturkurve erwarten die Kreditgeber langfristig fallende Zinsen. Wünschenswert ist eine normale leicht ansteigende Zinsstrukturkurve, an deren Ende die langfristigen Zinsen relativ niedrig sind, sodass eine Inflation langfristig nicht zu erwarten ist.

Auch zwischen Wirtschaftswachstum und Inflation besteht ein Zusammenhang. Da Preissteigerungen zu einem höheren Wirtschaftswachstum führen – das Wirtschaftswachstum wird in Preisen gemessen -, steigt das Wirtschaftswachstum bei einer Inflation, allerdings nur nominal. Der nominale Anstieg des Wirtschaftswachstums vermittelt den Eindruck, als ginge es real aufwärts. Den Glauben, es gehe aufwärts, zu stärken und zu mehr Investition und Konsum anzuregen, ist offensichtlich die Absicht der Zentralbank, wenn sie geldpolitische Maßnahmen trifft, mit denen sie gewisses Maß an Inflation in Kauf nimmt.

Die Inflation hat negative Auswirkungen. Das Geld verliert seine wichtige Funktion als Wertmessmittel bzw. als Wertmaßstab (S. 10). Die Unternehmen werden wegen der Unsicherheit langfristige Investitionen scheuen und Arbeitsplätze abbauen. Insbesondere starke Inflationen bzw. Hyperinflationen haben verheerende Auswirkungen.

Eine Hyperinflation hat es in Deutschland nach dem ersten Weltkrieg in den Jahren 1922/23 gegeben. Ursache der Hyperinflation war zum einen die Rückzahlung von Staatsschulden bzw. Kriegsanleihen mit der Notenpresse, sodass der Rückzahlung keine Arbeitsleistungen zugrunde lagen. Zum anderen war das Angebot an Gütern knapp, da die Produktionsanlagen zur Erfüllung der Reparationsverpflichtungen demontiert worden waren. Erst als sich mit dem Dawes-Plan eine Neuordnung der Reparationsverpflichtungen abzeichnete, konnte mit der neuen Rentenmark die Inflation gestoppt werden. Die Deckung der Rentenmark erfolgte durch den gesamten deutschen Grundbesitz, eine merkwürdige Art der Deckung des Geldes durch Sachgegenstände. Aber offensichtlich funktionierte sie, um die Menschen zu veranlassen, an den Geldwert zu glauben.

Die Entwicklung der Inflation in den USA, in Deutschland und Japan ist in den nachstehenden Diagrammen dargestellt. Auffallend ist die niedrige Inflationsrate seit etwa 2000.

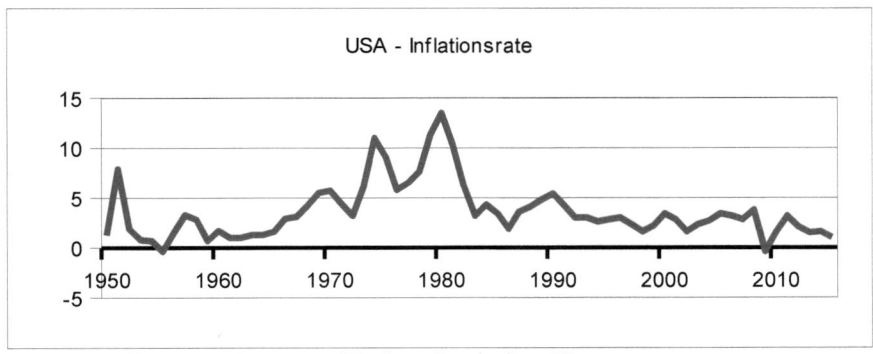
Datenquelle: U.S. Bureau of Labor Statistics (8)

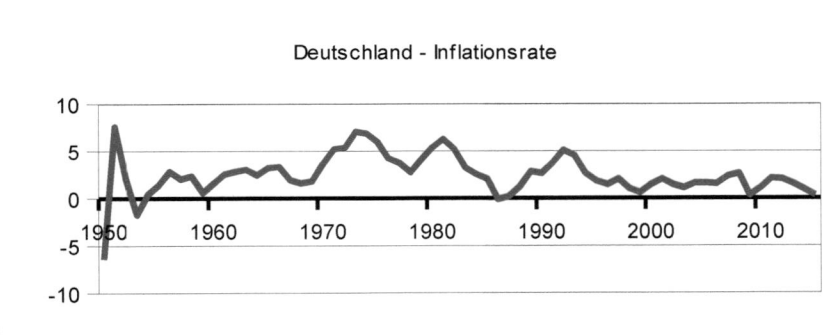
Datenquelle: Statistisches Bundesamt (9)

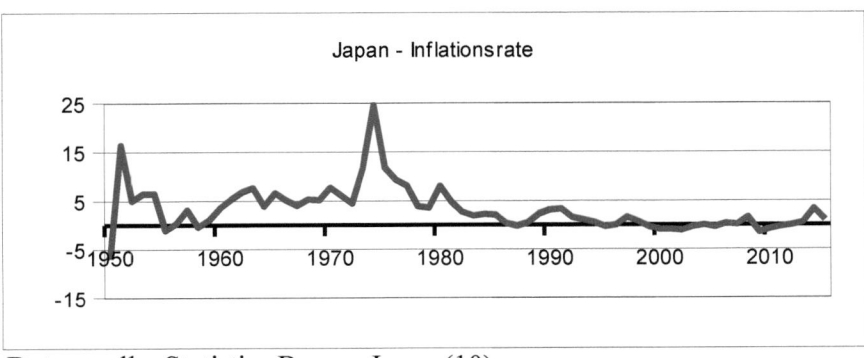
Datenquelle: Statistics Bureau Japan (10)

Das Gegenstück zur Inflation ist die Deflation. Die Inflationsrate ist negativ. Die Konsumgüterpreise sinken, weil die Nachfrage nach Gütern sinkt. Sinkende Preise widersprechen dem Finanzsystem als Aufwärtsspiral-System (S. 27). Es muss daher in angemessenem Umfang Preissteigerungen geben. Aus diesem Grund betrachten die Zentralbanken eine Steigerung der Konsumgüterpreise von 2% nicht als Inflation. Droht eine Deflation, streben sie eine Preissteigerung von 2% an. Sie senken den Leitzins und stellen den Banken hohe Mengen an Zentralbankgeld zur Verfügung. Die Maßnahmen der Zentralbanken beruhen auf der Auffassung, dass bei einem Preisrückgang bzw. einer drohenden Deflation die Käufer in Erwartung weiter fallender Preise den Kauf aufschieben und dass die Unternehmen infolge sinkender Nachfrage die Preise weiter senken, sodass eine Deflationsspirale bzw. Abwärtsspirale entsteht. Ob die Auffassung zutrifft, ist die Frage. Es kann durchaus sein, dass Käufer auf „Schnäppchenjagd" gehen und Preise nicht weiter sinken.

Die Ursachen für die sinkenden Konsumgüterpreise sind in etwa die gleichen wie beim tendenziell rückläufigen Wirtschaftswachstum: Billigimporte aus den Niedriglohnländern, eine hohe Güterproduktion zu geringen Stückkosten bei einem relativ niedrigen Angebot infolge gesättigter Märkte. Notwendig wären neuartige Güter, für die es eine hohe Nachfrage gibt.

13. Der Vermögenszuwachs

Vermögen entsteht zunächst einmal durch eine Arbeitsleistung. Wer ein Haus besitzt und das Dachgeschoss in Eigenleistung ausbaut, erhält einen Vermögenszuwachs, da der Wert seines Hauses steigt. Der Wert des Hauses kann auch dadurch steigen, dass die Immobilienpreise allgemein steigen. In diesem Fall erhält der Hauseigentümer einen Vermögenszuwachs, ohne dass er eine Arbeitsleistung erbringt. Sein Vermögenszuwachs ist dadurch bedingt, dass die Nachfrage nach Häusern und damit auch die Preise gestiegen sind. Die gestiegenen Preise erforderten höhere Kaufpreiszahlungen und führten somit zu einer gestiegenen Geldmenge und - die Geldschöpfung beruht auf Verschuldung – zu einer gestiegenen Verschuldung. Der Vermögenszuwachs geht daher einher mit einer steigenden allgemeinen Verschuldung. Auch die Emission von Anleihen ist ein Fall, in dem Vermögen – die Anleihe ist eine Schuldverschreibung in Form eines Wertpapiers und damit ein Vermögensgegenstand (S. 9) – durch Verschuldung entsteht.

Der Gewinn, den der Verkäufer eines Hauses oder der Händler macht, ist das Entgelt für eine Arbeitsleistung (geschickte Verhandlungsführung, Werbung). Anders ist es, wenn jemand sein Geld anlegt bzw. investiert. Der Anleger bzw. Investor erstrebt einen Vermögenszuwachs ohne eigene Arbeitsleistung. Zwar ist die Überlegung, wo und wie man investiert, eine Arbeitsleistung. Diese ist jedoch nicht ursächlich für den Erfolg der Investition. Der Erfolg ist von den Arbeitsleistungen anderer - bei Aktiengesellschaften z.B. von einer erfolgreichen Unternehmensführung - abhängig, auf die der Investor keinen Einfluss hat. Dass der Gewinn aus einer gewonnenen Wette oder aus einem Glücksspiel nicht auf einer Arbeitsleistung beruht, versteht sich von selbst.

Investiert wird in Wertpapiere. Der Käufer einer festverzinslichen Anleihe – was ein Kredit in anderer Form ist – erhält wie ein Kreditgeber Zinsen ohne Arbeitsleistung. Der Käufer einer Aktie erhält eine Gewinnbeteiligung bzw. Dividende ohne Arbeitsleistung. Bei der festverzinslichen Anleihe ist die Zinsforderung in ihrer Höhe sicher, bei der Aktie ist die Dividende vom Gewinn der Aktiengesellschaft abhängig. Bei beiden

Wertpapieren hofft der Käufer zudem darauf, dass der Wert der Wertpapiere bzw. ihr Kurs steigt.

Wir wollen die Frage des Vermögenszuwachses bei Anleihe und Aktie etwas näher betrachten. Wir beginnen mit der Anleihe.

Der Vermögenszuwachs durch eine Kurssteigerung der festverzinslichen Anleihe ist abhängig von der Entwicklung der Zinsen nach dem Kauf der Anleihe. Sinken die Zinsen, dann hat der Käufer eine feststehende Zinsforderung, die über dem aktuellen Zinsniveau liegt. Seine Anleihe steigt im Wert. Steigen die Zinsen, ist es umgekehrt.

Die Höhe der Zinsen wird durch die Zentralbank beeinflusst, und zwar nicht nur durch den Leitzins, sondern auch durch Eingriffe in den Anleihemarkt. Die Zentralbank kauft oder verkauft in großem Umfang Anleihen. Kauft sie, so steigt durch die steigende Nachfrage der Kurs. Wer anschließend eine Anleihe kauft, zahlt den höheren Kurs für die in der Anleihe unveränderlich festgelegte Zinsforderung, was die Rendite auf den gezahlten Kaufpreis verringert. Verkauft die Zentralbank ihre Anleihen wieder, so ist es umgekehrt. Bei der Emission einer neuen Anleihe muss sich der Emittent bei der Festlegung der Höhe des Zinses an der Rendite der bereits emittierten bzw. umlaufenden Anleihen, das heißt an der Umlaufrendite orientieren. Auch die Banken werden bei der Vergabe neuer Kredite die Zinshöhe anpassen. Somit haben die Anleihenkäufe und -verkäufe der Zentralbank Auswirkungen auf das allgemeine Zinsniveau und damit auf die Höhe des Vermögenszuwachses durch Zinseinnahmen.

Nun sehen wir uns den Vermögenszuwachs bei einer Aktie an. Ob der Aktienkurs steigen wird, ist schwer vorherzusagen. Der Aktienkurs spiegelt die künftig erwarteten Erfolge oder Misserfolge einer Aktiengesellschaft wider. Der Käufer der Aktie erwartet, dass die Aktiengesellschaft künftig erfolgreich sein wird, sodass er eine Dividende erhalten und die Aktie im Kurs steigen wird. Aktuelle Ereignisse wie Kriege, Naturkatastrophen und Gerüchte über Steuererhöhungen können den Aktienkurs negativ beeinflussen. Wie die Anleger auf die Ereignisse reagieren, hängt in hohem Maße von ihren subjektiven Einstellungen ab. Selbst negative Ereignisse können zuweilen einer allgemeinen positiven Grundstimmung an der Börse nichts anhaben oder die Kurse nur kurzzeitig nach unten drücken. Da die Börse die Stimmung der künftigen geschäftlichen Entwicklung der Aktiengesellschaften widerspiegelt, ist sie ein Stimmungsbarometer auch für die erwartete gesamtwirtschaftliche Entwicklung.

Es gibt bestimmte Verfahren, mit denen versucht wird, die Kurse zu prognostizieren. Die Chartanalyse leitet die Prognose aus dem Kursverlauf in der Vergangenheit ab. Die Fundamentalanalyse beruht auf wirtschaftlichen Fakten der Vergangenheit (Gewinne, Vermögen, Schulden). Aus der Vergangenheit können jedoch keine sicheren Schlussfolgerungen für die Zukunft gezogen werden. Wenn sich die Prognosen zuweilen als treffend erweisen, dann ist das darauf zurückzuführen, dass viele Anleger ihnen folgen. Ihr Herdenverhalten löst eine steigende Nachfrage aus. Die Kurse steigen wie prognostiziert, was aber kein Beweis für die Tauglichkeit der Prognosemethoden ist.

Wenn bei der Geldanlage der Ratschlag erteilt wird, „nicht alle Eier in einen Korb zu legen" und seine Anlagen breit zu streuen, sodass Verluste bei den einen Anlagen durch Gewinne bei den anderen Anlagen ausgeglichen werden, stellt sich die Frage, weshalb man nicht besser das Geld als Wertaufbewahrungsmittel nutzen sollte. Die Behauptung, man könne am Aktienmarkt eine besonders hohe Rendite erzielen, hat keine allgemeine Gültigkeit. Sie ist dem Umstand geschuldet, dass die Aktienkurse seit etwa 2000 außergewöhnlich stark gestiegen sind (Diagramme 11 und 12; S.52 und 53), was auf die Deregulierung der Finanzwirtschaft (hierzu später) und damit auf einen Sondereinfluss zurückzuführen ist. Im übrigen kommt es auf den Zuschnitt des Betrachtungszeitraums an.

Wenn Aktienkurse fallen, wird dies in den Medien häufig damit begründet, dass die Anleger Kasse gemacht haben. Möglicherweise verbirgt sich etwas anderes dahinter. Ein massenhafter Verkauf könnte zu dem Zweck erfolgt sein, die Kurse zu drücken, um anschließend zu niedrigen Kursen wieder zu kaufen. Die hohen Umsätze und die hohen Kursschwankungen an den Tagen des sogenannten Hexensabbat (jeweils der dritte Freitag des März, Juni, September und Dezember) sind darauf zurückzuführen, dass an diesen Tagen Zahlungen aus den Optionen und Futures – es handelt sich um Wetten auf Aktien und auf den DAX (hierzu später) - fällig werden. Es wird versucht, durch Beeinflussung der Aktienkurse hohe Wettgewinne zu erzielen bzw. hohe Wettverluste zu vermeiden.

Der Vermögenszuwachs ohne Arbeitsleistung ist ein realer Vermögenszuwachs. Wer seine Aktien nach einer Kurssteigerung verkauft, kann mit dem Verkaufserlös eine höhere Menge an Gütern kaufen. Der Vermögenszuwachs kann sich insofern positiv auf das Wirtschaftswachstum auswirken.

Der Vermögenszuwachs ohne Arbeitsleistung führt nicht zwangsläufig zu einer Inflation. Der Erlös aus einem Verkauf von im Kurs gestiegenen Aktien wird in der Regel wieder zum Kauf von Aktien mit niedrigem Kurs bzw. Kurs- Gewinnverhältnis verwendet und nicht so sehr zu zum Kauf von Konsumgütern, sodass der Vermögenszuwachs nur in relativ geringem Umfang Einfluss auf die Konsumgüterpreise hat

So erfreulich der Vermögenszuwachs ohne Arbeitsleistung ist, die steigende allgemeine Verschuldung darf – wie beim Wirtschaftswachstum (S. 34) – nicht übersehen werden. Es darf vor allem in Zeiten der Euphorie auch nicht übersehen werden, dass eine Investition nicht unbedingt zu einem Vermögenszuwachs führen muss. Eine Investition kann auch zu herben Verlusten führen.

Um einen Vermögenszuwachs ohne Arbeitsleistung handelt es sich auch in dem Fall, dass die Zentralbank den Banken günstige Kredite gibt, die sie zum Kauf von Aktien verwenden. Die Banken treiben die Aktienkurse in die Höhe und erhalten auf diese Weise einen Vermögenszuwachs bzw. eine bessere Eigenkapitalausstattung.

14. Die Blase oder die Inflation der Vermögenspreise

Ein starker Anstieg der Preise für Vermögensgegenstände, vornehmlich für Immobilien und für Aktien, wird als Blase (engl. bubble) oder Assetinflation (S. 41) bezeichnet. Mit dem Anstieg der Vermögenspreise steigen wie bei der Inflation (S. 41) und dem Vermögenszuwachs (S.47) notwendigerweise die Geldmenge und auch die Verschuldung

Günstige Voraussetzungen für das Entstehen einer Blase sind niedrige Zinsen. Die Anleger kaufen Immobilien oder Aktien auf Kredit. Die Nachfrage nach Immobilien bzw. Aktien steigt und damit steigen auch die Preise bzw. die Kurse. Es gibt auch den Fall, dass jemand seinen Besitz verkauft, um mit dem Verkaufserlös einen Vermögensgegenstand zu erwerben, der eine hohe Preissteigerung erwarten lässt.

Eine Blase kann in gewissem Umfang Einfluss auf die Preise in der Realwirtschaft haben. Der Vermögenszuwachs kann zum Kauf von Konsumgütern anregen, sodass die Konsumgüterpreise, wenn auch nur in geringem Umfang (S. 50), steigen. Eine Immobilienblase kann auch zu einem Anstieg der Wohnungsmieten und dadurch zum Anstieg der Inflationsrate führen. Sie kann ferner zu einer erhöhten Bautätigkeit und zu höheren Preisen im Bausektor führen.

Da steigende Aktienkurse ein realer Vermögenszuwachs sind (S. 50), werden sie allgemein begrüßt und Rekordstände werden in den Medien bejubelt. Aber jede Aktienblase platzt irgendwann, wobei der Zeitpunkt nicht vorhersehbar ist. Es kann ein bestimmtes Ereignis sein, das die Blase zum Platzen bringt, etwa eine Anhebung des Leitzinses. Es kann aber auch der schwindelerregende hohe Stand des Aktienkurses und die damit einhergehende hohe Verschuldung sein, die manchen Anleger skeptisch werden lässt. Die Anleger kaufen weniger Aktien und die Kurse steigen nicht mehr. Einige Anleger werden nervös und beginnen zu verkaufen. Es setzt eine Verkaufslawine ein und die Aktienkurse stürzen ab. Wer zu spät verkauft, hat große Kurs- und damit Vermögensverluste. „Wie gewonnen so zerronnen" lautet eine Redensart.

Ob eine Blase geplatzt ist, ist nicht leicht festzustellen. Ein starker Kursrückgang kann z.b. durch unkontrollierte Verkaufsaufträge (stop loss orders), die bei einem bestimmten Rückgang automatisch ausgelöst werden, verursacht sein. Manche Anleger kaufen nach einem Kurssturz, weil sie meinen, nun zu einem besonders günstigen Preis Aktien kaufen zu können, sodass die sich Kurse erholen.

Das Entstehen und Platzen von Blasen in 2003, 2008 in den USA und Deutschland und 1990 in Japan ist aus den nachstehenden Diagrammen abzulesen.

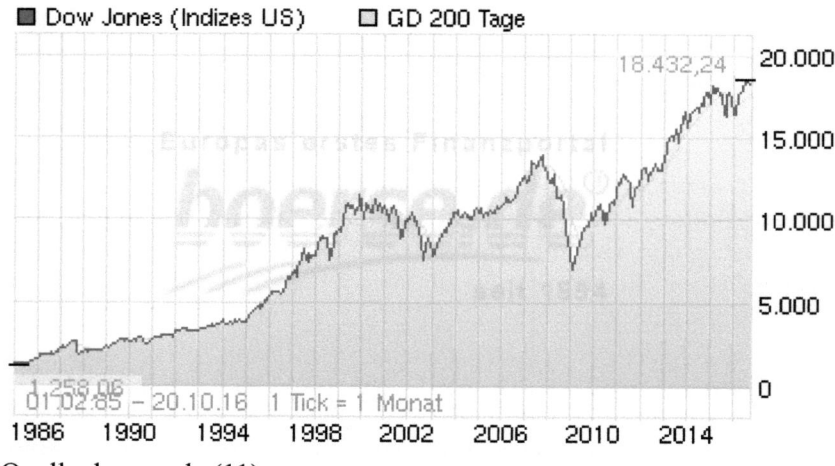

Quelle: boerse.de (11)

Quelle: boerse.de (12)

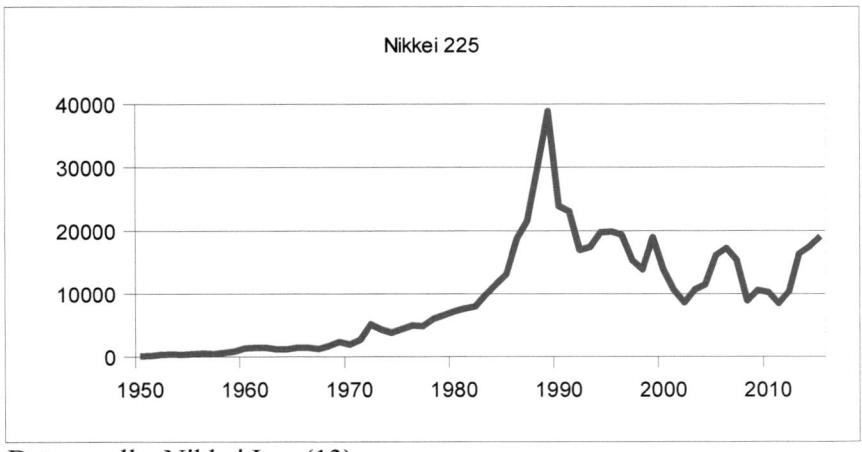

Datenquelle: Nikkei Inc. (13)

Die Aktienblasen in den USA 2008 und in Japan 1990 waren gleichzeitig Immobilienblasen. Die Entwicklung der Immobilienpreise in den USA und in Japan ist in den folgenden Diagrammen dargestellt.

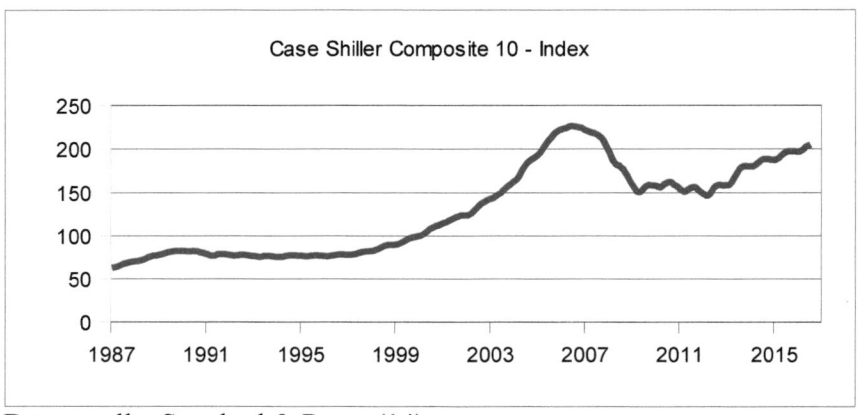

Datenquelle: Standard & Poors (14)

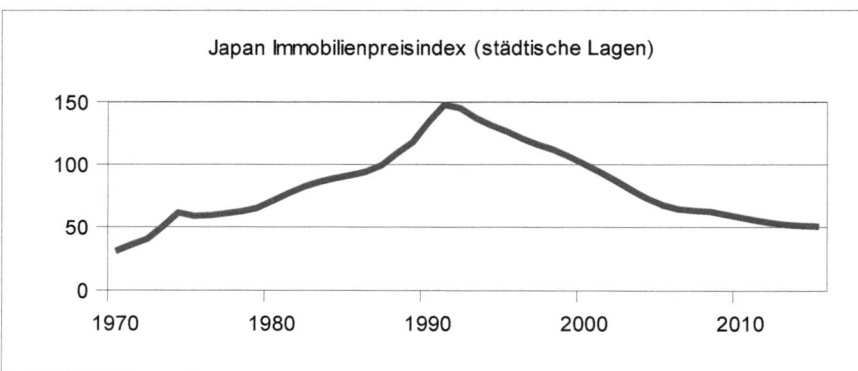

Datenquelle: Statistics Bureau Japan (15)

Das Platzen einer Blase führt zu Krisen. Das ohne Arbeitsleistung durch Verschuldung entstandene Vermögen verfällt. Die Verschuldung hingegen bleibt bestehen. Die vorher vermögenden Schuldner werden, da sie durch den Verkauf von Vermögen ihre Schulden nicht tilgen können, insolvent. Auch ihren kreditgebenden Banken droht die Insolvenz, da die Banken ihr Vermögen in Form von Kreditforderungen abschreiben müssen. Ist durch die Insolvenz von Banken das Finanzsystem insgesamt gefährdet, droht der Kollaps des Zahlungsverkehrs zu und damit der Kollaps des Finanzsystems und damit der staatlichen Funktionen und der Wirtschaft (S. 31). Da das Finanzsystem für den Staat essentiell ist, ist der Staat gezwungen, die Banken zu retten. Er kauft z.B. die von den Banken neu emittierten Aktien, sodass die Banken mit dem Verkaufserlös Geld und damit Vermögen erhalten, das ihre Schulden übersteigt, sodass sie solvent sind.

Das Platzen der Blase löst nicht nur Vermögensverluste und Bankenkrisen aus, sondern hat auch Folgen für die Realwirtschaft. Die Banken vergeben aus Furcht vor Kreditausfällen kaum noch Kredite. Das Wirtschaftswachstum, das ja auch auf Krediten beruht (S. 34), geht zurück. Rezession und Arbeitslosigkeit sind die Folge. Der Staat ergreift Gegenmaßnahmen, indem er Unternehmen und Privathaushalten Zuschüsse oder zinslose Darlehen zur Verfügung stellt oder Konjunkturprogramme auflegt.

Die Rezession nach der geplatzten Blase 2008 wurde mit der Situation nach 1929 verglichen. Damals war in Amerika eine Aktienblase geplatzt, die eine große Rezession, auch große Depression genannt, auslöste. Die amerikanische Regierung reagierte mit dem sogenannten New Deal, der Arbeitsbeschaffungsmaßnahmen und andere Maßnahmen zur Konjunkturbelebung beinhaltete. In 1933 wurde das Bankensystem reformiert und eine Trennung zwischen Geschäftsbanken und Finanzunternehmen (Investmentbanken) eingeführt.

Die drohende Rezession nach 2008 veranlasste die Zentralbanken, den Leitzins drastisch zu senken und den Banken große Mengen an Zentralbankgeld zur Verfügung zu stellen. Da die Banken das Zentralbankgeld nicht für Kredite an die Realwirtschaft verwendeten, sondern zum Kauf oder zur Finanzierung von Aktienkäufen, stiegen die Aktienkurse erneut. Es entsteht die Gefahr einer neuer Blase, durch deren Platzen die Probleme von neuem beginnen.

Auch bei Anleihen können sich Blasen bilden. Gestiegene Anleihekurse führen für den Käufer der Anleihe zu einer niedrigen Rendite (S. 48), die sogar negativ werden kann. Der Kauf einer Anleihe ohne Rendite kann nur damit erklärt werden, dass für den Käufer der Aspekt der

Sicherheit absolut vorrangig ist. Platzt die Anleiheblase und stürzen die Anleihekurse ab, dann steigt das allgemeine Zinsniveau, was erhebliche Auswirkungen auf die Realwirtschaft hat.

Bei Aktien- und Anleiheblasen gibt es einen wichtigen Unterschied. Die Aktienkurse können theoretisch unbegrenzt steigen. Hingegen hat der Anstieg bei festverzinslichen Anleihen seine Grenzen. Niemand zahlt für eine Anleihe mit einem Nennwert von 1.000 € und einem Zins von 5% einen Preis von 5.000 €, wenn am Ende der Laufzeit der Anleihe nur 1.000 € und einige hundert Euro Zinsen ausgezahlt werden.

Der theoretische mögliche unbegrenzte Anstieg der Aktienkurse kann beim Leerverkauf (engl. short selling) verheerende Folgen haben. Beim Leerverkauf verkauft jemand Aktien, die er nicht besitzt. Er leiht sich die Aktien (gegen Gebühr) und verkauft sie sofort. Nach Ablauf der Leihzeit muss er die Aktien, d.h. Aktien gleicher Art, zurückgeben. Er muss Aktien kaufen (Deckungskauf). Sind nun die Aktienkurse ins Uferlose gestiegen, muss er für den Deckungskauf uferlos hohe Beträge zahlen. Sein Verlust geht ins Uferlose.

Auf einen weiteren Unterschied zwischen einer Aktienblase und einer Anleiheblase sei hingewiesen. Anleihen werden weniger als Aktien auf Kredit gekauft. Sie werden vor allem von institutionellen Anlegern (Pensionsfonds, Lebensversicherungen) genutzt, die das Geld ihrer Kunden in Anleihen investieren. Da die institutionellen Anleger somit keine Kredite zum Kauf der Anleihen aufgenommen haben, besteht für sie auch nicht die Gefahr, dass im Fall eines Kursabsturzes ihre Kredite nicht mehr durch Vermögen gedeckt sind.

Eine Blase kann irrationale und abstruse Züge annehmen. In der berühmten holländischen Tulpenzwiebelblase im 17. Jahrhundert erreichte der Preis der Tulpenzwiebel einer bestimmten Sorte den Preis eines Hauses. In der japanischen Blase der 1980er Jahre erreichte das Grundstück des Kaiserpalastes in Tokio den Wert des gesamten kalifornischen Grundbesitzes und die Internetblase 2000 führte zu Höchstkursen bei Unternehmen des neuen Marktes, die keine Aussicht auf Gewinn hatten.

15. Die Realwirtschaft und die Finanzwirtschaft

Die Realwirtschaft ist der Bereich der Wirtschaft, die am augenfälligsten mit der Arbeitsleistung verbunden ist. In ihr werden Waren und Dienstleistungen hergestellt, die eine Arbeitsleistung zwingend voraussetzen und die für die Menschen hinsichtlich der Gestaltung ihres Lebens und ihrer Arbeit einen greifbaren Nutzen haben. Sie ist darüber hinaus der Wirtschaftssektor, in dem die meisten Arbeitsplätze geschaffen werden. Aus diesem Grund gebührt der Realwirtschaft im Verhältnis zur Finanzwirtschaft die größere Aufmerksamkeit.

Die Realwirtschaft ist auf die Finanzwirtschaft angewiesen. Die Unternehmen und Privathaushalte erhalten Kredite von den Banken bzw. Finanzunternehmen. Wenn die Unternehmen Aktien oder Anleihen emittieren, bedürfen sie der Hilfe der Banken. Der Handel mit Aktien und Unternehmensanleihen, der Gegenstand der Finanzwirtschaft ist, dient den Unternehmen der Realwirtschaft. Ein Anleger ist eher bereit, sein Geld einem Unternehmen, das Aktien oder Anleihen emittiert, zur Verfügung zu stellen, wenn er die gekauften Aktien oder Anleihen notfalls ohne große Schwierigkeiten wieder verkaufen kann.

Wer eine Aktie kauft, sollte dies eigentlich nicht in der Absicht tun, sie alsbald wieder zu verkaufen. Er sollte, da er quasi Mitunternehmer geworden ist, wie ein Unternehmer handeln, der einen Betrieb auf lange Sicht aufbaut und führt. Der Aktionär wird sich allerdings leichter von seiner Aktiengesellschaft trennen als der Unternehmer von seinem Betrieb, da er im Gegensatz zum Unternehmer keine Beziehung zu Mitarbeitern und Kunden hat.

Der Kauf von Aktien und Wertpapieren erfolgt heutzutage häufig in der Absicht, sie bei nächstbester Gelegenheit wieder zu verkaufen. Die Aktien und die Wertpapiere sind zur finanzwirtschaftlichen Handelsware geworden, wobei der Handel – im Gegensatz zum Handel mit Waren in der Realwirtschaft, dessen Zweck die Versorgung mit Gütern ist – einzig und allein den Zweck hat, Vermögen ohne Arbeitsleistung zu erwerben. Am deutlichsten zeigt sich das beim Hochfrequenzhandel.

Die Banken und Finanzunternehmen haben den Handel ausgeweitet, indem sie neuartige Wertpapiere geschaffen haben. Diese Wertpapiere fasse ich unter dem Begriff Finanzinnovationen zusammen. Sie sind häufig hochkomplizierte, mit Hilfe des Computers konstruierte Wetten und enthalten häufig auch das Element der Schuldverschreibung. Wer die Wette gewinnt, hat einen Vermögenszuwachs ohne Arbeitsleistung. Die Schaffung von Vermögen ohne Arbeitsleistung ist zur Profession bzw. zum Geschäftsmodell geworden. Der Kauf einer Finanzinnovation bzw. einer Wette wird als Investition bezeichnet und damit der realwirtschaftlichen Investition in betriebliche Sachanlagen oder der Beteiligung an einem Unternehmen gleichgestellt.

Die Finanzinnovationen werden massenweise produziert, was die übermäßig gestiegene Verschuldung (Diagramm 2, S. 31) erklärt. Man kann sagen, dass eine neue riesige *Finanzindustrie* mit vielen hochbezahlten Arbeitsplätzen entstanden ist. Inzwischen hat die Finanzindustrie im Verhältnis zur Realwirtschaft die dominierende Stellung.

Die Banken bzw. Investmentbanken erhalten bei der Ausgabe oder dem Verkauf von Finanzinnovationen Provisionen bzw. Gebühren für ihre Arbeitsleistung, die in der Konzeption und dem Vertrieb der Finanzinnovationen besteht. Sie können Einnahmen ferner durch gewonnene Wetten erzielen.

Eine Vorstellung über die Größenordnung der Finanzindustrie erhält man, wenn man die Entwicklung der Derivate betrachtet. Derivate sind Finanzinnovationen und damit Wetten. Gewettet wird auf einen bestimmten Gegenstand, der in der Fachsprache als Basiswert oder mit dem englischen Begriff Underlying (zugrundeliegend) bezeichnet wird. Basiswert können sein: Wechselkurs, Aktienkurs, Aktienindex, der Preis einer Ware, ein bestimmter Zins und sogar das Wetter. Der Wert des Derivates ist abgeleitet von der Entwicklung des Basiswertes (derivare lat. ableiten). Der Handel mit Derivaten erfolgt größtenteils außerhalb der Börse (engl. Over the counter, abgekürzt OTC, wörtlich über den Ladentisch). Der außerbörsliche bzw. OTC-Handel mit Derivaten hat enorme Ausmaße angenommen, wie das nachstehende Diagramm zeigt.

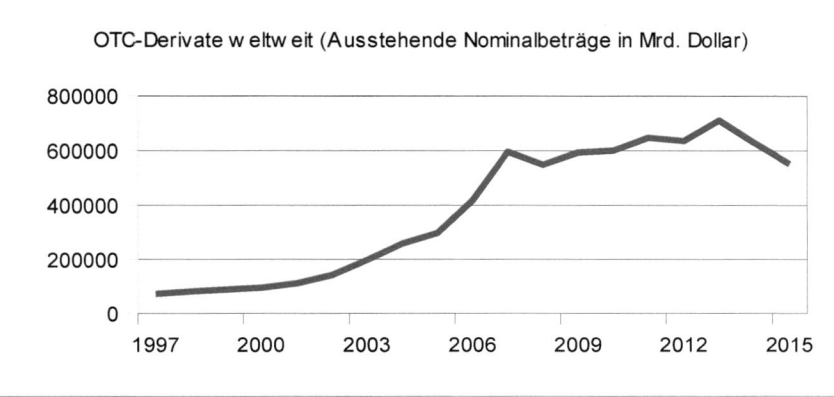

Datenquelle: Bank für Internationalen Zahlungsausgleich (16)

Das Volumen an Derivaten beträgt weltweit 600 Bio. $. Nun muss man berücksichtigen, dass die Derivate auch zur Absicherung eingesetzt werden. Wer Güter in den USA kauft und diese mehrere Monate später in Dollar bezahlen muss, kann sich gegen einen steigenden Dollarkurs mit einem Wechselkurs-Derivat absichern. Ist der Dollarkurs gestiegen und muss er einen höheren Betrag in Euro zahlen, so wird dies durch den gestiegenen Wert des Derivates ausgeglichen. Das Derivat hat in diesem Fall die Funktion einer Versicherung. Wenn man dem Volumen von weltweit 600 Bio. $ mit dem Welt-Bruttosozialprodukt von weltweit 80 Bio $ vergleicht, muss man daraus schließen, dass die Derivate nur in geringem Umfang zur Absicherung realwirtschaftlicher Risiken genutzt werden, sondern überwiegend als Gegenwetten zur Absicherung von Wettverlusten und zum Erwerb von Vermögen ohne Arbeitsleistung.

Die Finanzindustrie ist eine Folge der Deregulierung[1], die in den 1990er Jahren einsetzte und von Großbritannien ausging. In Großbritannien lagen die klassischen Industrien am Boden. Die Regierung Thatcher leitete in den 1980er Jahren eine rigorose Deregulierung ein, sowohl in der

---

[1] Für die Deregulierung wird auch der Begriff Neoliberalismus verwendet. Diesen Begriff verwende ich nicht, da er nicht eindeutig ist. Der Neoliberalismus ist eine volkswirtschaftliche Richtung, aus der die soziale Marktwirtschaft entwickelt wurde

Realwirtschaft (Privatisierung von Staatsbetrieben) als auch in der Finanzwirtschaft. Das Ergebnis der Deregulierung der Finanzwirtschaft war, dass London (die City) zum weltweit größten Finanzplatz wurde.

Die Deregulierung wurde von anderen Staaten übernommen. In den USA wurden 1999 wesentliche Maßnahmen der Deregulierung beschlossen. Das Trennbankensystem, das 1933 als Reaktion auf die geplatzte Aktienblase 1929 durch den Glass-Steagull-Act eingeführt worden war (S. 55), wurde aufgehoben. Ferner wurde der außerbörsliche Handel mit Derivaten erlaubt. In Deutschland wurden 2004 die bisher verbotenen Hedgefonds zugelassen.

Die Deregulierung wurde von den Banken, die bisher überwiegend nur Geld- bzw. Kreditinstitute gewesen waren, die vornehmlich Spareinlagen hereinnahmen und Kredite vergaben, dahingehend genutzt, dass sie ihr Betätigungsfeld bzw. Geschäftsmodell erweiterten und auf die Bereiche Versicherungen, Immobilien, Wertpapiere in der Weise ausdehnten, dass sie diese Geschäfte auf eigene Rechnung und eigenes Risiko betreiben. Für diese Eigengeschäfte gründeten sie Tochtergesellschaften, unter anderem als Zweckgesellschaften außerhalb der Bilanz, sodass deren Risiken unerkannt blieben. Ferner gründeten sie Hedgefonds, die keiner Aufsicht unterliegen.

Die ähnlichen Kurvenverläufe der OTC-Derivate (S. 59), der Verschuldung (S. 31) und der Aktienkurse (S. 52, 53), die seit 2000 übermäßig gestiegen sind, lassen nur den Schluss zu, dass der übermäßige Vermögenszuwachs und die übermäßige Verschuldung auf die Deregulierung - in Verbindung mit niedrigen Zinsen - zurückzuführen sind. Die übermäßige Verschuldung hat das Risiko von Zahlungsfähigkeiten erheblich erhöht, was sich auf die Stabilität des Finanzsystems negativ auswirkt.

Die Deregulierung hat das Finanzsystem verändert. Die Finanzwirtschaft hat nicht mehr nur eine Hilfsfunktion für die Realwirtschaft. Sie hat sich verselbständigt und von der Realwirtschaft losgelöst. Sie hat das Wettgeschäft salonfähig gemacht und dadurch in hohem Umfang unnötige zusätzliche Risiken geschaffen.

16. Die Finanzinnovationen

Früher waren die Aktien und die Anleihen die Geldanlage, die im Gegensatz zum Sparbuch eine höhere Rendite versprach. Nach der Deregulierung kamen die Finanzinnovationen hinzu. Finanzinnovationen wurden auch dem normalen Anleger empfohlen. Auch der Normalbürger sollte an der allgemeinen wirtschaftlichen Aufwärtsentwicklung teilhaben und sich ein Vermögen aufbauen. Offensichtlich hat sich eine allgemeine Meinung gebildet, wenn man in Finanzinnovationen investiere, ergebe sich ein Vermögenszuwachs von selbst. Dass eine Finanzinnovation auf komplizierten für den Normalbürger unverständlichen Konstruktionen beruhen kann, wurde häufig übersehen, so auch in einem vom Bundesgerichtshof – BGH – entschiedenen Fall[1].

Dem Fall lag eine Finanzinnovation in der Form eines Vertrages zugrunde, und zwar eines Swap (engl. Tausch). Bei einem Swap tauschen die Vertragspartner ihre unterschiedlichen Erwartungen hinsichtlich der künftigen Entwicklung des Basiswertes (S. 58). Im Fall des BGH war der Basiswert die Differenz bzw. der Spread bestimmter Zinssätze. Mit anderen Worten wetteten sie auf den Spread. Die recht komplizierte mathematische Formel, die der Wette zugrunde lag, begrenzte das Risiko der Bank, nicht jedoch das Risiko des Vertragspartners der Bank. Der BGH entschied, die Bank habe den Vertragspartner über den Inhalt der Wette besser informieren müssen. Die Tatsache, dass auf Seiten des Vertragspartners der Bank ein Volkswirt verhandelt habe, ändere daran nichts. Von einem Volkswirt sei nicht zu verlangen, dass er ein kompliziertes Derivat verstehen müsse.

Der BGH-Fall zeigt symptomatisch die hohe Komplexität von Finanzinnovationen. Swap-Verträge haben nach Auffassung von Oberlandesgerichten sogar den Charakter von Glücksspielen[2]. Anzahl und Arten der Finanzinnovationen sind inzwischen unüberschaubar. Die wichtigsten Arten von Finanzinnovationen werden im folgenden kurz dargestellt.

---

1 BGH, Urteil vom 22.3.2010 – AZ XI ZR 33/10
2 OLG München, Beschluss vom 29.3.2012 - AZ 5 U 216/12; OLG Stuttgart, Urteil vom 27.10. 2010 – AZ 9 U 148/08

Eine Finanzinnovation, die vielfach von Kleinanlegern gekauft wird, ist das Zertifikat. Ist der Basiswert der Kurs einer Aktie, dann wettet der Käufer des Zertifikats auf den Kurs der Aktie, ohne dass er die Aktie kaufen muss. Das Zertifikat ist meistens auch eine Schuldverschreibung und der Käufer erhält seinen Kaufpreis nach Ende der Laufzeit zurück. Ob er eine Rendite erhält, hängt von der Entwicklung des Basiswertes ab. Es gibt auch Zertifikate, die zum Totalverlust führen können (sog. Knock out Zertifikate). Zertifikate begründen eine schuldrechtliche Verpflichtung des Emittenten. Geht der Emittent pleite, erhält der Besitzer des Zertifikats keine Zahlung. Das Zertifikat wird wertlos.

Der Credit Default Swap (CDS) ist ein Tauschvertrag, dem der Gedanke zugrunde liegt, sich gegen einen Zahlungsausfall (engl. default) abzusichern. Der Gläubiger einer Forderung erhält vom CDS-Vertragspartner die volle Zahlung seiner Forderung. Im Tauschwege – daher Swap - tritt er seine uneinbringliche Forderung an den CDS-Vertragspartner ab. Der CDS-Vertrag kann vorsehen, dass seine Forderung behält und der CDS-Vertragspartner die Differenz zwischen der vollen und dem Restwert der Forderung zahlt.

Die CDS werden nicht nur zur Absicherung gegen Zahlungsausfälle geschlossen, sondern auch als Wetten auf die Zahlungsunfähigkeit von Unternehmen oder Staaten, zu denen die CDS-Vertragspartner keine Beziehung haben. Die Entwicklung des Volumens der außerbörslich gehandelten CDS ist im nachstehenden Diagramm dargestellt.

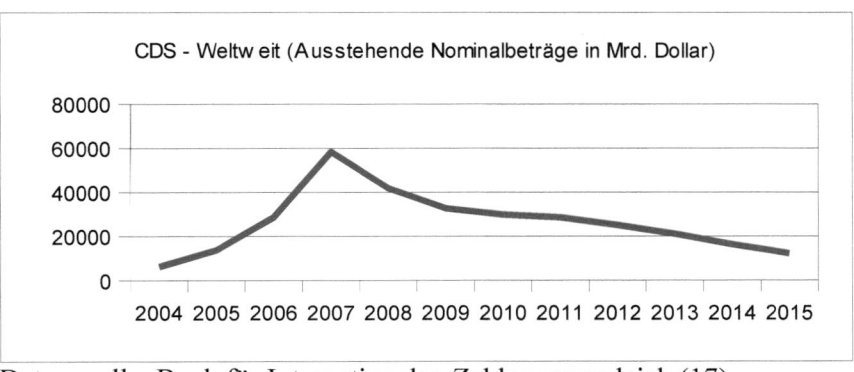

Datenquelle: Bank für Internationalen Zahlungsausgleich (17)

Finanzinnovationen sind auch Optionen und Futures. Sie beinhalten ein Termingeschäft. Bei einem Termingeschäft wird der Kaufpreis für ein später abzuwickelndes Geschäft bereits bei Abschluss des Vertrages vereinbart. In der Zwischenzeit bis zur Abwicklung des Vertrages kann sich der Preis verändern. Ein Termingeschäft ist daher eine Wette auf eine Veränderung des Preises. Termingeschäfte können in der Realwirtschaft sinnvoll sein. Ein Landwirt verkauft 100 t seiner Weizenernte bereits im Winter zu einem feststehenden Preis an einen Müller. Er hat eine sichere Einnahme. Dafür nimmt er in Kauf, dass die Weizenpreise bis zum Sommer steigen und er, im Nachhinein gesehen, ein schlechtes Geschäft gemacht hat. Der Müller hat sich die Lieferung von Weizen gesichert. Dafür nimmt er in Kauf, dass der Weizenpreis bis zum Sommer sinkt.

Die Option beinhaltet ein Wahlrecht. Der Kaufpreis wird bei Vertragsabschluss vereinbart. Der Berechtige kann je nach Ausgestaltung der Option innerhalb eines bestimmten Zeitraums oder zu einem bestimmten Termin wählen, ob er seine Ansprüche aus dem Vertrag ausübt oder nicht. Bei einer Call-Option kann er die Lieferung der gekauften Sache gegen Bezahlung und bei einer Put-Option kann er die Abnahme der Sache und Bezahlung durch den Vertragspartner verlangen. Er wird bei einer Call-Option die Lieferung verlangen, wenn der Preis der Sache seit dem Vertragsabschluss gestiegen ist, weil er dann die Sache günstig kauft. Bei einer Put-Option wir er die Abnahme verlangen, wenn der

Preis gefallen ist, weil er mehr Geld erhält als die Sache aktuell wert ist. Bei der Call-Option spekuliert der Optionsberechtigte auf einen steigenden Preis des Kaufgegenstandes, bei einer Put-Option auf einen sinkenden Preis.

Der Forward ist ebenfalls ein Termingeschäft. Im Unterschied zur Option hat der Berechtigte kein Wahlrecht. Der Vertrag ist beiderseits zu erfüllen. Der Forward ist ein individueller Vertrag über einen Basiswert. Er wird nicht an der Börse gehandelt. Standardisierte Forward-Kontrakte, sogenannte Futures, werden an der Börse gehandelt.

Optionen sind standardisierte börsengehandelte Kontrakte. Optionsscheine sind Wertpapiere mit dem Inhalt einer Option. Sie sind nicht standardisiert, sondern werden frei gestaltet.

Die Termine für die Optionen und Futures, deren Basiswerte der DAX und Aktien sind, sind die Tage des bereits erwähnten Hexensabbats (S. 50).

Ansprüche aus den Finanzinnovationen mit einem Basiswert (Option auf Aktien etc.) werden nicht real, z.B. durch Lieferung von Aktien erfüllt, sondern durch Zahlung.

Das Wettvolumen bei den börsengehandelten Optionen und Futures beträgt ca. 70 Bio. $, wie das nachstehende Diagramm zeigt.

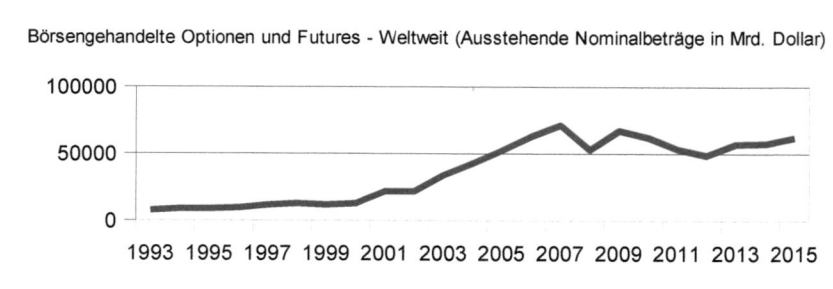

Datenquelle: Bank für Internationalen Zahlungsausgleich (18)

Eine weitere komplizierte Finanzinnovation ist die strukturierte Forderungsverbriefung. Um diese zu verstehen, betrachten wir zunächst die einfache Forderungsverbriefung. Diese ist ein Wertpapier, das als Sicherheit eine Forderung enthält. Die Forderung ist in den meisten Fällen eine hypothekengesicherte Forderung bzw. Hypothek.

Die Forderungsverbriefung wurde in den USA erfunden. Die einfache Forderungsverbriefung wird als Asset Backed Security (ABS) bezeichnet (Wertpapier, das durch ein Asset bzw. einen Vermögensgenstand gesichert ist). Der Emittent von ABS kauft Forderungen und bildet Forderungspools, auf deren Grundlage er die ABS emittiert. Handelt es sich um Hypothekenforderungen, so wird das ABS auch als MBS bezeichnet (Mortgage Backed Security; durch Hypotheken gesichertes Wertpapier). Vor allem von den amerikanischen Hypothekenunternehmen Fannie Mae (Federal National Mortgage Association) und Freddy Mac (Federal Home Mortgage Corporation) werden ABS bzw. MBS emittiert. Diese Unternehmen sind vom Staat mit der Aufgabe betraut, Wohnungseigentum für breite Bevölkerungsschichten zu schaffen. Sie selbst vergeben keine Hypothekenkredite, sondern kaufen Hypothekenkredite von Banken, die Hypothekenkredite vergeben und verbriefen sie zu ABS, die sie an Anleger verkauften. Fannie Mae und Freddy Mac gelten als quasi staatliche Unternehmen und ihre Verbriefungen als sichere Anlage.

Banken emittieren ABS, indem sie die eigenen Hypothekenforderungen an eine von ihr gegründete Zweckgesellschaft (engl. Special Purpose Vehicle – SPV) verkaufen. Einziger Zweck der Zweckgesellschaft ist, die Verbriefung durchzuführen und die Wertpapiere an Anleger zu verkaufen. Mit dem Verkaufserlös bezahlt sie den Kaufpreis an die Bank. Die Bank kann aufgrund der Zahlung neue Kredite vergeben.

Die Käufer der Verbriefungen erhalten die Zahlungen der Kreditnehmer. Zahlen diese nicht, werden die Zahlungsausfälle gleichmäßig auf die Verbriefungen verteilt. Durch die Forderungsverbriefung wird die kreditgebende Bank von dem Risiko der Zahlungsunfähigkeit ihrer Kreditnehmer befreit. Das Risiko wird auf die Käufer der Forderungsverbriefungen abgewälzt und damit breit gestreut. Die Forderungsverbriefung kann dazu führen, dass die kreditgebende Bank bei der Kreditvergabe die Bonität der Kreditnehmer nicht so sorgfältig prüft wie wenn sie selbst das Risiko von Kreditausfällen zu tragen hat.

Kommen wir zu den strukturierten Forderungsverbriefungen. Bei den strukturierten Verbriefungen – den Collaterialized Debt/Mortgage Obligations – CDO/CMO – (mit Schuldtiteln/Hypotheken besicherte Obligationen) wird das Risiko von Zahlungsausfällen nicht gleichmäßig verteilt. Es werden Risikoklassen gebildet. Die Klasse mit dem geringsten Risiko erhält eine geringere Rendite, dafür aber eine vorrangige und damit sichere Rückzahlungsrate auf das angelegte Kapital. Die Klasse mit dem höchsten Risiko erhält eine hohe Rendite, dafür aber zunächst keine Auszahlung auf das Kapital. Der Anleger in dieser Klasse geht das Risiko ein, dass er sein Kapital verliert, wenn die Kreditnehmer den Kreditbetrag nicht zurückzahlen. Insbesondere bei Hypothekenkrediten ist das Risiko wegen der langen Laufzeiten der Kredite recht groß. Der Käufer eines CDO mit der höchsten Risikoklasse wettet auf die langfristige Zahlungsfähigkeit der Kreditnehmer.

Nicht nur Kreditforderungen bzw. sonstige Forderungen werden verbrieft, sondern auch Verbriefungen selbst. Gegenstand der Verbriefung kann auch das bloße Risiko sein. Das Verbriefungsunternehmen kauft nicht die Forderungen der Bank. Die Forderungen verbleiben vielmehr bei der kreditgebenden Bank. Diese schließt mit dem Verbriefungsunternehmen einen CDS-Vertrag, wonach das Verbriefungsunternehmen gegen eine Gebühr das Risiko von Kreditausfällen trägt. Das Verbriefungsunternehmen emittiert Verbriefungen, mit denen sie das durch den CDS-Vertrag übernommene Risiko und damit das Risiko von Kreditausfällen der kreditgebenden Bank auf die Käufer der Verbriefungen überträgt. Diese Verbriefungen werden, da ihnen keine Forderungen zugrunde liegen, synthetische Verbriefungen genannt. Die Anleger erhalten, wenn keine Kreditausfälle entstehen, eine Rendite, die das Verbriefungsunternehmen mit den Gebühreneinnahmen aus dem CDS-Vertrag bezahlt. Wenn Kreditausfälle entstehen, erhalten sie keine Rendite und gegebenenfalls auch ihr Kapital nicht zurück.

17. Die Spekulation

Die Spekulation ist ein Begriff, der einer Präzisierung bedarf. Die meisten wirtschaftlichen Aktivitäten haben ein spekulatives Element. Wer ein Studium aufnimmt, spekuliert auf einen späteren gutbezahlten Job. Wer den Kauf eines neues Computers aufschiebt, spekuliert auf einen Preisrückgang. Wer eine Finanzinnovation kauft, spekuliert auf einen für ihn günstigen Ausgang der in der Finanzinnovation enthaltenen Wette.

Wenn abschätzig von Spekulanten die Rede ist, geht es darum, dass mit hohen Summen versucht wird, den Kurs von Wertpapieren in die gewünschte Richtung zu bewegen bzw. den Kurs zu manipulieren. Der Kauf z.B. von hohen Mengen an Aktien bedeutet eine steigende Nachfrage und damit steigende Aktienkurse. Er erfordert sehr viel Geld, das durch Kredit besorgt wird.

Ein klassischer Fall von Spekulation ist die Soros-Spekulation gegen das englische Pfund im Jahre 1992. Das englische Pfund gehörte dem Europäischen Währungssystem (EWS) an. Das EWS war eine System fester Wechselkurse, die in gewissen Grenzen schwanken durften. Soros war der Auffassung, der Wechselkurs des Pfundes im Verhältnis zur Deutschen Mark sei zu hoch und das Pfund daher überbewertet. Es müsse, da es auch im EWS hin und wieder Anpassungen der Wechselkurse gegeben hat, eine Abwertung des Pfundes bzw. eine Aufwertung der Deutschen Mark geben. Er spekulierte daher auf eine Abwertung des Pfundes bzw. eine Aufwertung der Deutschen Mark. Er bzw. sein Fonds nahm einen hohen Kredit in Pfund auf und kaufte damit Deutsche Mark. Durch die hohe Nachfrage stieg der DM-Wechselkurs gegenüber dem Pfund. Das Pfund wertet entsprechend ab, sodass sein Kurs unter die EWS-Grenze zu fallen drohte. Die englische Zentralbank griff ein und verkaufte ihre DM-Reserven, um durch die Erhöhung des Angebots an Deutscher Mark deren Kurs zu drücken und den Kurs des Pfundes innerhalb der EWS-Grenzen zu halten. Nachdem ihre DM-Reserven erschöpft waren, trat England aus dem EWS aus. Das Pfund war nun den Marktkräften ausgesetzt und stürzte ab. Damit stellte sich heraus, dass Soros mit seiner Auffassung, das Pfund sei überbewertet, richtig gelegen hatte. Soros verkaufte seine Deutsche Mark, die gegenüber dem Pfund erheblich im Wert gestiegen waren. Er erzielte einen Verkaufserlös in Pfund, der den Kaufpreis für die Deutsche Mark erheblich überstieg. Er zahlte den Kredit zurück und machte eine hohen Gewinn.

Eine Spekulation ist mit hohen Risiken verbunden. Soros hätte mit seiner Auffassung der Überbewertung des Pfundes auch falsch liegen können. Es hätte auch sein können, dass die englische Zentralbank im Besitz außerordentlich hoher DM-Reserven gewesen wäre oder dass sie sich Deutsche Mark von der deutschen Zentralbank geliehen und verkauft hätte, sodass das Pfund über einen längeren Zeitraum in den EWS-Grenzen geblieben wäre. Soros hätte wegen der Zinsen für seinen hohen Kredit hohe Verluste befürchten und die Spekulation abbrechen müssen. Eine Spekulation gegen den Euro mit dem Ziel, den Eurokurs zu beeinflussen, würde einen derart hohen Kredit erfordern, den ein einzelner Spekulant nicht besorgen kann. Eine Spekulation könnte allenfalls durch ein gemeinsames Vorgehen mehrerer Spekulanten erfolgen.

Wie der Fall Soros zeigt, arbeitet der Spekulant mit Krediten, bei einem Leerverkauf (S. 56) mit geliehenen Wertpapieren. Je höher der geliehene Betrag ist, desto höher ist der mögliche Gewinn. Der Kredit wird zur Steigerung des Gewinns benutzt. Er wirkt wie ein Hebel zur Gewinnsteigerung und wird daher auch als Hebelkredit bezeichnet. Das englische Wort für Hebel ist leverage. In der Finanzfachsprache wird der Begriff Laveraging zuweilen für die Verschuldung und der Begriff Deleveraging für den Abbau der Verschuldung verwendet. Wenn die Banken vor 2008 eine Eigenkapitalrendite von 25% anstrebten, so war eine derart hohe Rendite nur durch Hebelkredite bzw. hohe Fremdmittel, die den Banken durch Überweisungen auf Girokonten oder Sparkonten als Zentralbankgeld zuflossen, zu erzielen.

Während der Eurokrise 2010 hat es Spekulationen auf den Zahlungsausfall überschuldeter Eurostaaten gegeben, die man sich folgendermaßen vorstellen kann: Der Spekulant verkauft eine große Menge Staatsanleihen eines überschuldeten Eurostaates leer. Er leiht sich somit die Staatsanleihen gegen eine Gebühr, um sie sofort zu verkaufen. Durch das hohe Angebot an Staatsanleihen fällt deren Kurs und die Umlaufrendite bzw. das allgemeine Zinsniveau steigt (S. 48). Der Eurostaat, der neue Staatsanleihen emittieren muss, um mit dem Emissionserlös die fällig gewordenen alten auszuzahlen, kann die hohe Zinsen für die Neuemission nicht bieten, sodass er die alten Staatsanleihen nicht auszahlen kann. Ihm droht die Zahlungsunfähigkeit, sodass der Wert bzw. Kurs der alten Staatsanleihen noch weiter sinkt. Der Spekulant tätigt nun den Deckungskauf zum Tiefstpreis, um die geliehenen Staatsanleihen zurückzugeben. Die Differenz zwischen dem Tiefstpreis und dem höheren Erlös aus seinem Verkauf der geliehenen Staatsanleihen abzüglich der Gebühr ist sein Gewinn.

Eine andere Möglichkeit wäre, dass der Spekulant eine große Menge an Credit Default Swaps (S. 62), die auf den Zahlungsausfall des Eurostaates lauten, auf Kredit kauft. Durch die hohe Nachfrage steigt der Preis der CDS. Die institutionellen Anleger, die ihre Staatsanleihen des überschuldeten Eurostaates durch CDS absichern, haben zu hohe Kosten für die Absicherung und verkaufen ihre Staatsanleihen. Der Kurs der Staatsanleihen sinkt und die Zinsen steigen. Der Eurostaat ist außerstande, durch eine Neuemission seine alten Staatsanleihen auszuzahlen. Der Wert der CDS steigt, da wegen der drohenden Zahlungsunfähigkeit des Eurostaates die Auszahlung aus dem CDS in Sicht ist. Nun verkauft der Spekulant seine CDS zu dem gestiegenen Preis. Die Differenz zwischen niedrigem Einkaufspreis und höheren Verkaufserlös abzüglich der Zinsen für den Kredit ist sein Gewinn.

Es gibt vielfältige Möglichkeiten der Spekulation. Bei der drohenden Zahlungsunfähigkeit eines Eurostaates kann der Spekulant auch darauf wetten, dass die Zahlungsunfähigkeit abgewendet wird. Er kauft die im Kurs gesunkenen Staatsanleihen und spekuliert auf einen Kursanstieg, indem er davon ausgeht, dass die Zahlungsunfähigkeit – durch andere Eurostaaten oder durch die Europäische Zentralbank - abgewendet wird.

Die Spekulation auf Kredit bzw. durch Leerverkauf bewirkt eine hohe Unsicherheit im Finanzsystem, da die Kurse nicht durch den Markt zustande kommen, sondern durch Manipulation bzw. künstliche Eingriffe, die mit marktwirtschaftlichen Grundsätzen nicht vereinbar sind. Dagegen wird seitens des Staates, der den Grundsatz der Preisbildung durch den Markt postuliert, eigenartigerweise nichts Entscheidendes unternommen. Lediglich der Leerverkauf wird hin und wieder untersagt. Wie weit die Spekulation gehen kann, zeigt der ungedeckte oder nackte Leerverkauf (engl. naked short selling), bei dem der Spekulant die Wertpapiere nicht einmal geliehen hat, sondern erst noch leihen muss.

Es gibt Spekulationen mit schlimmen Folgen, so die Spekulation mit Lebensmittelderivaten, z.B. mit einem Weizenderivat. Der Wert des Weizenderivates macht nur einen Bruchteil des Weizenpreises aus. Der Kaufpreis für das Weizenderivat ist niedrig. Eine starke Nachfrage nach Weizenderivaten kann am Weizenmarkt dahingehend verstanden werden, dass steigende Weizenpreise zu erwarten seien. Mühlen werden verstärkt Weizen kaufen, sodass infolge steigender realwirtschaftlicher Nachfrage nach Weizen der Weizenpreis dann tatsächlich steigt, wodurch ärmere Bevölkerungsschichten betroffen sind. Der Handel mit Lebensmittelderivaten wurde zum Teil eingestellt.

18. Die Zahlungsunfähigkeit einer Bank

Bei der Zahlungsunfähigkeit ist zwischen Illiquidität und Insolvenz zu unterscheiden. Bei der Illiquidität fehlt dem Schuldner vorübergehend das Geld, um seine Schulden zu bezahlen. Bei der Insolvenz fehlt ihm ein ausreichend hohes Vermögen, durch dessen Verkauf er seine Schulden tilgen kann. Bei der Insolvenz sind die Schulden höher als die Vermögenswerte. Es liegt eine Überschuldung vor.

Nehmen wir folgenden Fall. Eine Bank nimmt einen Kredit auf, indem sie eine Bankanleihe mit einer Laufzeit von 2 Jahren und einem Zinssatz von 2% emittiert. Mit dem Emissionserlös kauft sie eine Unternehmensanleihe mit einer Laufzeit von 5 Jahren und einem Zinssatz von 5%. Sie muss nach 2 Jahren ihre Bankanleihe auszahlen, erhält aber erst in 5 Jahren die Auszahlung aus der Unternehmensanleihe.

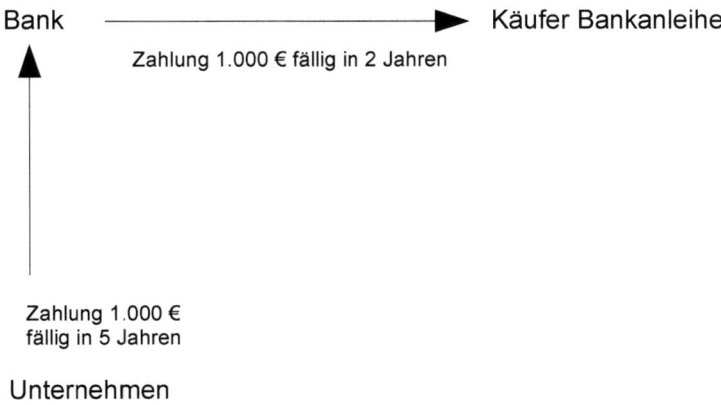

Zur Auszahlung ihrer Bankanleihe benötigt die Bank einen neuen Kredit. Sie muss also eine neue Bankanleihe emittieren. Gelingt ihr die Emission nicht, muss sie ihre Unternehmensanleihe verkaufen. Die Frage ist, ob sie einen so hohen Kaufpreis erlöst, dass sie die Bankanleihe auszahlen kann. Möglicherweise findet sie keinen Käufer oder die Unternehmensanleihe ist im Wert gesunken, etwa weil es Gerüchte über eine bevorstehende Pleite des Unternehmens gibt. Erhält die Bank für ihre Unternehmensanleihe nur 500 €, dann kann sie die Bankanleihe nicht auszahlen. Weil ihre Schulden höher sind als ihr Vermögen, ist sie insolvent. Dabei ist es unter Umständen nicht einmal sicher, dass die Bank überhaupt ihre Unternehmensanleihe verkaufen kann. Es bedarf eines risikobereiten Anlegers, der Anleihen kauft, von dessen Emittenten es heißt, er sei in Schwierigkeiten. Ein solcher Anleger wettet darauf, dass das Unternehmen die Unternehmensanleihe am Ende der Laufzeit voll auszahlen wird.

Die Aufnahme eines kurzfristigen zinsgünstigen Kredits, um damit eine langfristige Forderung mit höherer Verzinsung zu erwerben, wird als Fristentransformation bezeichnet. Die Fristentransformation führt bei normaler ansteigender Zinsstrukturkurve zu Gewinnen. Die Fristentransformation ist für die Banken eine wesentliche Grundlage ihres Ertrages. Sie vergeben langfristige Kredite zu hohen Zinssätzen, wobei sie selbst kurzfristige Kredite - die Tagesgeld- und Spareinlagen mit gesetzlicher Kündigungsfrist sind kurzfristige Kredite der Bank – aufnehmen. Im Gegensatz zur Finanzwirtschaft gilt in der Realwirtschaft der Grundsatz der Fristenkongruenz. Langlebige Investitionsgüter sollten mit langfristigen Krediten und kurzfristige Investitionsgüter mit kurzfristigen Krediten finanziert werden.

Die Zahlungsunfähigkeit einer Bank ist etwas anderes als die Zahlungsunfähigkeit eines Finanzunternehmens. Die Bank ist im Unterschied zu einem Finanzunternehmen Träger des Buchgeldes, das ein übliches Zahlungsmittel geworden ist. Gehen große Banken pleite, kollabiert das Finanzsystem (S. 31).

Das Finanzsystem ist für den Staat essentiell (S. 55). Der Staat kann einen Kollaps des Finanzsystems nicht zulassen. *Der Staat ist der Garant des Finanzsystems.*

Der Kollaps des Finanzsystems droht bereits dann, wenn eine große Bank, die auch als systemische Bank bezeichnet wird, insolvent wird.

Eine systemische Bank hat sehr viele Gläubiger, so auch andere Banken und Finanzunternehmen. Droht ihr die Insolvenz, dann droht auch ihren Gläubigern und deren Gläubigern, die ihre Forderungen abschreiben müssen und damit Vermögen verlieren, die Insolvenz. Es droht eine Kettenreaktion, sodass die Gefahr besteht, dass viele Banken insolvent werden und dass das Finanzsystem kollabiert. Die Insolvenz einer systemischen Bank muss vom Staat in jedem Fall verhindert werden. Die systemische Bank ist zu groß, um pleite gehen zu können (engl. too big to fail). Sie hat praktisch eine staatliche Bestandsgarantie.

Handelt es sich bei der drohenden Zahlungsunfähigkeit der Bank um eine Illiquidität, wird sie einen Kredit der Zentralbank erhalten, sodass sie zahlungsfähig bleibt. Anders ist es bei der Insolvenz. Hier wird die Zentralbank keinen Kredit geben, da sie ihr Zentralbankgeld nicht zurück erhält. Die Rettung der Bank im Falle einer Insolvenz ist Sache des Staates, der die Bank übernimmt, etwa durch den Kauf neuer Aktien nach einer Kapitalerhöhung (S. 55).

Ob bei einer Bank eine Illiquidität oder eine Insolvenz vorliegt, ist im Einzelfall schwer festzustellen. Das Vermögen einer Bank besteht zum einen aus Forderungen gegen ihre Kreditnehmer, zum anderen aus Wertpapieren, die sie gekauft hat. Die Forderungen gegen die Kreditnehmer sind in aller Regel durch ein Pfand bzw. eine Hypothek gut gesichert, was eine relativ sichere Bewertung des Vermögens der Bank ermöglicht. Anders sieht die Sache bei den Wertpapieren aus, deren Kurs stark schwanken kann und deren Wert unter Umständen schwer zu ermitteln ist, sodass insofern relativ schwer feststellbar ist, ob das Vermögen die Schulden deckt.

Statt einer illiquiden Bank einen Kredit zu geben kann die Zentralbank der Bank Wertpapiere abkaufen, sodass die Bank mit dem Verkaufserlös Zentralbankgeld erhält und ihre Zahlungsfähigkeit gesichert ist. Der massive Kauf von Zinspapieren bzw. Anleihen durch die Zentralbank wird als als quantitative Lockerung (engl. quantitative easing) bezeichnet. Die quantitative Lockerung hat nicht nur den Effekt, dass die Zahlungsfähigkeit der Banken gesichert ist, sondern auch den Effekt, dass das allgemeine Zinsniveau sinkt (S. 48). Sie wurde erstmals von der japanischen Zentralbank von 2001 bis 2006 praktiziert, allerdings zum Zweck der Belebung des Wirtschaftswachstums. Nachdem die Senkung des Leitzinses nicht den gewünschten Erfolge gebracht hatte, kaufte die japanische Zentralbank in großem Umfang Staatsanleihen. Während die Senkung des Leitzinses die kurzfristigen Zinsen senkt – die Zentralbank vergibt kurzfristige Kredit an die Banken -, bewirkt der Ankauf von Anleihen, da diese eine lange Laufzeit haben, eine Senkung auch der langfristigen Zinsen und erfasst somit quantitativ eine größere Menge an Kreditverhältnissen.

Die Zentralbank bezahlt die Anleihen mit zusätzlich geschöpftem Zentralbank, was ihr in einem reinen Papiergeldsystem nicht schwer fällt. Durch die quantitative Lockerung wird die Zentralbankgeldmenge bzw. die Geldbasis erhöht. Sie geht davon aus, dass sie das Zentralbankgeld bei einem Verkauf oder bei der Auszahlung der Wertpapiere wieder zurückerhält.

19. Die Globalisierung und die fremde Währung

Bisher haben wir uns mit dem Finanzsystem auf nationaler Ebene beschäftigt. Im heutigen Zeitalter der Globalisierung und Digitalisierung ist das Finanzsystem ein globales vernetztes System.

Die Globalisierung ist im Prinzip nichts Neues. Schon im Altertum gab es globalen Handel, global im Sinne der damals bekannten Welt. Dieser Handel konnte mit Goldmünzen abgewickelt werden, wobei für deren Wert nicht die Aufschrift entscheidend war, sondern ihr Gewicht. Heute, im Zeitalter der Papiergeldsysteme, ist der Dollar die Währung für den globalen Handel. Er ist die Leitwährung. Der Dollar hat Konkurrenz durch den Euro bekommen und China versucht, seine Währung Renminbi als eine Leitwährung zu etablieren.

Nach dem Zusammenbruch des Ostblocks wurde der Handel liberalisiert. Die ehemaligen Ostblockstaaten und die Entwicklungsländer hatten niedrige Löhne, was die Unternehmen der westlichen Industriestaaten veranlasste, ihre Produktionsstandorte zu verlagern. Der Verlust von Arbeitsplätzen in der Realwirtschaft der Industrieländer ist eine Folge dieser Globalisierung.

Die Globalisierung betrifft auch den Finanzsektor. Die Anleger investieren global und in Echtzeit rund um die Uhr. Die Entscheidungen einer Zentralbank wirken sich global aus. Die Welt ist zu einem Dorf geworden. Eine Finanzkrise hat nicht nur Auswirkungen in dem Land, in dem sie entsteht, sondern global, wie die Finanzkrise 2008 gezeigt hat.

Da die Welt ein Dorf ist, müsste es eigentlich nur eine einzige Währung geben. Das Dorf besteht jedoch aus vielen Staaten, die ihre eigene Währung haben. Wir wollen nun einige Fragen behandeln, die sich durch die unterschiedlichen Währungen ergeben.

Beginnen wir mit dem Geldtransfer zwischen verschiedenen Währungsräumen. Ich beschreibe diesen Geldtransfer, weil er für das Verständnis des Geldtransfers im Euroraum wichtig ist und damit für die Frage, welche Folgen sich für Deutschland bei einer Auflösung der europäischen Währungsunion ergeben.

Wir nehmen wieder den Urzustands-Fall (S. 19) und wandeln ihn dahingehend ab, dass V seinen Sitz in den USA hat. Als Kaufpreis haben V und K 1.200 $ vereinbart, was bei einem angenommenen Wechselkurs von 1,20 $ zu 1 € für K einen Kaufpreis von 1.000 € ergibt. K hat von seiner A-Bank einen Kredit von 1.000 € erhalten, indem die A-Bank 1.000 € auf seinem Girokonto gebucht hat. Wie kann K mit dem Buchgeld den Kaufpreis von 1.200 $ an V bezahlen?

Betrachten wir zunächst die Bargeldzahlung. K lässt sich das Buchgeld in Banknoten auszahlen, was voraussetzt, dass die A-Bank sich 1.000 € Banknoten als Zentralbankgeld per Kredit von der Zentralbank besorgt. Anschließend reist K in die USA und geht zur Handelsbank International, der H-Bank, die sich zuvor 1.200 $ Banknoten als Zentralbankgeld per Kredit von der amerikanischen Zentralbank besorgt hatte und die ihm seine 1.000 € gegen die 1.200 $ Banknoten umtauscht. Genauer gesagt: K kauft 1.200 $ Dollar zum Preis von 1.000 €. Nachdem er 1.200 $ erhalten hat, geht er zu V und übergibt ihm die 1.200 $ Banknoten oder er zahlt die Banknoten bei der Bank des V, der A-Bank USA, auf das Girokonto des V ein.

Betrachten wir nun die bargeldlose Abwicklung der Zahlung. Wie werden die 1.000 € vom Girokonto des K bei der A-Bank auf das Girokonto des V bei der A-Bank USA so transferiert, dass V eine Gutschrift von 1.200 $ erhält?

Die A-Bank löscht die 1.000 € auf dem Girokonto des A. Dann nimmt sie Kontakt zur H-Bank in den USA – als Korrespondenzbank – auf. Die amerikanische H-Bank richtet der deutschen A-Bank wie einem normalen Bankkunden ein Girokonto ein. Ein solches Konto wird als Loro-Konto (loro; ital. ihnen, d.h. einer anderen Bank gehörend) bezeichnet. Die H-Bank bucht auf dem Loro-Konto 1.200 $. Als Gegenleistung erhält die H-Bank bei der A-Bank ebenfalls ein Loro-Konto und eine Gutschrift von 1.000 €. Die A-Bank hat mit der H-Bank Euro gegen Dollar getauscht, genauer: Sie hat von der H-Bank 1.200 $ Buchgeld gekauft und diese mit 1.000 € Buchgeld bezahlt. Nun transferiert die A-Bank ihre 1.200 $ von ihrem Loro-Konto auf das Girokonto des V bei der A-Bank USA, was ein␣inneramerikanischer Geldtransfer ist.

Bei der Abwicklung mit Bargeld hat die H-Bank Banknoten in fremder Währung, in der Fachsprache Sorten genannt und bei der bargeldlosen Abwicklung hat sie Buchgeld in fremder Währung, in der Fachsprache Devisen genannt, erhalten.

Die A-Bank hat bei der H-Bank 1.200 $ Devisen zum Preis von 1.000 € gekauft. Die beiden Banken hätten auch einen anderen Kaufpreis vereinbaren können. Beim Kauf von Devisen wird der Preis der Devisen bzw. der Wechselkurs beeinflusst. Werden zunehmend höhere Preise für den Dollar gezahlt, so steigt der Wechselkurs des Dollar.

Die Zentralbanken sind beim Geldtransfer zwischen zwei Währungen beteiligt. Die H-Bank benötigte, um den inneramerikanischer Geldtransfer auf die A-Bank USA durchzuführen, Dollar-Zentralbankbuchgeld – bei der Bargeldabwicklung benötigte sie Banknoten als Dollar-Zentralbankgeld. Auch die A-Bank benötigt Euro-Zentralbankbuchgeld, damit die H-Bank das Euro-Buchgeld auf ihrem Loro-Konto bei der A-Bank auf eine andere Bank transferieren kann – bei der bargeldlosen Abwicklung besorgte sie sich Euro-Banknoten als Zentralbankgeld, um sie an K auszuhändigen, der nach Erhalt der Banknoten in die USA reiste und eine Barzahlung vornahm.

Nicht nur die Banken, sondern auch die Zentralbanken beeinflussen den Wechselkurs, z.B. durch einen Währungstausch. Sie richten sich gegenseitig Zentralbankkonten ein und buchen per Zentralbankgeldschöpfung Zentralbankgeld-Devisen für die jeweils andere Zentralbank. Dabei können sie die Höhe der Devisen frei vereinbaren und damit den Wechselkurs beeinflussen. So könnte die deutsche Zentralbank 1.000 € zugunsten der amerikanischen Zentralbank und die amerikanische Zentralbank 1.300 $ zugunsten der deutschen Zentralbank buchen. Die deutsche Zentralbank könnte nun die 1.300 $ zum Preis von 1.000 € verkaufen, z.B. an die deutsche A-Bank. Der Verkauf würde wie folgt abgewickelt: Vom Zentralbankkonto, das die deutsche Zentralbank auf dem amerikanische Zentralbankkonto hat, werden die 1.300 $ auf das Zentralbankkonto der Korrespondenzbank der A-Bank - der H-Bank – umgebucht und die H-Bank schreibt der A-Bank auf deren Loro-Konto 1.300 $ gut. Den Kaufpreis an die deutsche Zentralbank zahlt die A-Bank dadurch, dass von ihrem Zentralbankkonto bei der deutschen Zentralbank 1.000 € abgebucht werden. Dadurch, dass die A-Bank für 1.000 € nunmehr 1.300 $ statt 1.200 $ erhalten hat, ist der Wert des Euro gestiegen, was auf den Währungstausch der Zentralbanken zurückzuführen ist.

Zurück zu unserm Fall: V und K hätten den Kaufpreis auch mit 1.000 € vereinbaren können. Auch dann hätte V den Kaufreis in Dollar erhalten, sodass sich an der Abwicklung des Geldtransfers nichts ändern würde. V würde allerdings das Risiko tragen, dass der Wechselkurs sich bis zur späteren Zahlung ändert und er für die vereinbarten 1.000 € nicht 1.200 $, sondern einen geringeren Dollarbetrag erhalten würde.

In den USA ist durch den Verkauf der Bäume nach Deutschland das Wirtschaftswachstum gestiegen. Die Verschuldung – Wirtschaftswachstum beruht auch auf Verschuldung – steigt im Importland Deutschland, wo K einen Kredit aufnahm. Durch den Export ist die Geldmenge in den USA gestiegen, was das Wirtschaftswachstum weiter beleben kann. Durch den Export erzielten die USA einen Handelsüberschuss bzw. eine positive Handelsbilanz. Da die USA als Gegenwert für die exportierten Bäume Geld (Devisen) aus Deutschland erhalten haben, ist ihre Zahlungsbilanz im Verhältnis zu Deutschland – die Zahlungsbilanz ist von der Handelsbilanz unabhängig, da es Geldtransfers auch ohne Warentransfers gibt - positiv.

Der Wechselkurs wird durch den Handel mit Devisen bestimmt. Devisen sind nicht nur Buchgeld in fremder Währung, sondern auch Wertpapiere und Finanzinnovationen in fremder Währung. Der Handel wird als Devisenmarkt bezeichnet. Er hat in den letzten Jahrzehnten enorme Ausmaße angenommen. Sein Umsatz beträgt weltweit 5 Bio. $ täglich. Er hat sich wie aus dem nachstehenden Diagramm ersichtlich entwickelt.

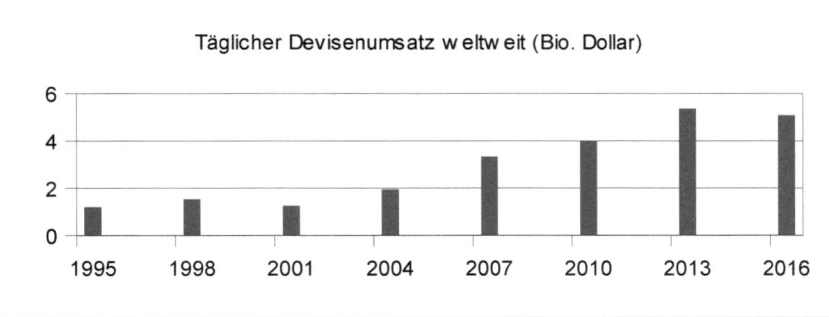

Datenquelle: Bank für Internationalen Zahlungsausgleich (19)

Bei der Entwicklung des Devisenumsatzes ist ab 2001 eine ähnliche Entwicklung wie bei den OTC-Derivaten (S. 59), den Aktienkursen (S. 52, 53), den CDS (S. 63) und den börsengehandelten Optionen und Furures (S. 64) festzustellen. Auch hier ist die Erklärung die Deregulierung (S. 60). Das Umsatzvolumen von 5 Bio. $ *täglich* steht in keinem Verhältnis zum *jährlichen* Weltsozialprodukt von ca. 80 Bio. $ (S. 59). Es dient daher überwiegend der Spekulation.

Der Wechselkurs hat Einfluss sowohl auf die inländische als auch auf die ausländische Realwirtschaft. Steigt der Kurs des Euro und damit sein Wert gegenüber dem Dollar, kann der Besitzer von Euro eine höhere Menge an US-Gütern kaufen. Durch die Aufwertung des Euro werden die Güter in den USA für ihn billiger. Dies kann dazu führen, dass der Preis der amerikanischen Güter infolge steigender Auslandsnachfrage steigt und der Vorteil durch die Aufwertung aufgehoben wird. Ferner kann infolge der höheren Güternachfrage und demzufolge der höheren Nachfrage nach Dollar der Kurs des Dollar steigen, sodass auch insofern ein Ausgleich erfolgen kann.

In gleicher Weise wie die Güterpreise werden auch die Wertpapierkurse durch den Wechselkurs beeinflusst. Steigt der Kurs des Euro, kann der Besitzer von Euro amerikanische Aktien billiger erwerben. Bei festverzinslichen Wertpapiere muss er aber auch auf den Zins achten. Er wird den Kauf amerikanischer festverzinsliche Wertpapiere in Erwägung ziehen, wenn deren Kurs niedrig und dadurch die Verzinsung des Kaufpreises bzw. die Rendite hoch ist.

Der Wechselkurs ist der Preis, durch den die ausländische Währung bewertet wird. Der Preis der ausländischen Währung ist von der Nachfrage nach der ausländischen Währung und diese von der Nachfrage nach ausländischen Gütern abhängig. Haben die Güter eine hohe Qualität und einen günstigen Preis, ist die Nachfrage entsprechend hoch. In der Währung spiegeln sich die Arbeitsleistungen wider, die in einem Land erbracht werden. *Die Währung eines Staates ist daher das Spiegelbild der Leistungsfähigkeit der Wirtschaft eines Staates.*

Eine hoch bewerte Währung hat den Nachteil, dass ihre Güter für ausländische Käufer teuer sind. Die Exportwirtschaft ist gezwungen, die Preise und die Kosten senken. Daher ist sie zu Innovationen und Rationalisierungen gezwungen, was die Leistungsfähigkeit der Realwirtschaft und damit den Wert der Währung weiter erhöht. Ein wirtschaftlich starkes Land mit einer aufwertenden Währung zieht ausländische Investoren an, da diese sich durch die Aufwertung einen Vermögenszuwachs versprechen. Die Nachfrage nach der Währung und ihr Wechselkurs können auch insofern steigen.

Der Nachteil einer starken Währung ist, dass die Wirtschaft rationalisieren muss, um im Ausland wettbewerbsfähig zu sein. Rationalisierungen sind mit dem Abbau von Arbeitsplätzen verbunden. Eine weiterer Nachteil ist die Abhängigkeit von ausländischen Investoren, die von der starken Währung angezogen werden, jedoch ihr Kapital abziehen, sobald sich in anderen Staaten attraktivere Anlagemöglichkeiten ergeben.

Eine hoch bewertete Währung ist politisch zuweilen unerwünscht, da sie nachteilig für die Exportwirtschaft und das Wirtschaftswachstum ist. Währungen werden daher häufig künstlich abgewertet. Dies erspart unbequeme, mit dem Abbau von Arbeitsplätzen verbundene Rationalisierungsmaßnahmen.

Die künstliche Abwertung der eigenen Währung erfolgt durch eine Devisenmarktintervention der Zentralbank. Die Zentralbank kauft mit selbst geschöpftem Zentralbankgeld in großem Umfang Devisen. Durch die hohe Nachfrage nach der fremden Währung steigt der Wechselkurs der fremden Währung und die eigene Währung wertet ab. Ferner kann sie Buchgeld-Devisen kaufen, die die Exportwirtschaft eingenommen hat und zahlt einen höheren Betrag in eigener Währung. Dadurch kann die Exportwirtschaft ihre gestiegene Kosten, etwa durch gestiegene Löhne, auffangen und muss die Preise im Ausland nicht erhöhen. Auch hier wertet die Zentralbank ihre eigene Währung im Interesse des Exportes ab. Der Zufluss an Devisen durch Exporterlöse bleibt erhalten, wobei die inländische Geldmenge steigt, was inflatorisch wirken kann.

Die künstliche Abwertung kann durch quantitative Lockerung erfolgen. Durch den massiven Ankauf festverzinslicher Wertpapiere steigt deren Kurs, was die Rendite des Kaufpreises schmälert und den Kauf auch für ausländische Investoren unattraktiv macht. Die Nachfrage nach Devisen sinkt und damit ihr Kurs. In Zeiten eines weltweit schwachen Wirtschaftswachstums kann es dazu kommen, dass alle Länder die Exporte durch eine Abwertung ihrer Währung fördern wollen. Wenn allerdings alle Staaten abwerten, heben sich die Abwertungen gegenseitig auf.

Eine künstliche Abwertung ist problematisch. Der Anreiz zur Leistungssteigerung durch Rationalisierung geht verloren. Die Leistungsfähigkeit der Wirtschaft sinkt auf das Niveau, das dem niedrigen Wechselkurs entspricht. Der Grundsatz, dass die Währung der Leistungsfähigkeit der Wirtschaft entspricht, bricht sich letztlich Bahn. Die künstliche Abwertung kann kurzfristig Wirtschaftswachstum und Arbeitsplätze erhalten, dauerhaft aber schwächt sie die Wirtschaft, wodurch auf Dauer Arbeitsplätze verloren gehen.

Hohe Exporterlöse führen zu einem Überschuss an Devisengeld. Dass ein Land über ausreichende Reserven an Devisengeld verfügen sollte, schon allein um im Interesse der eigenen Währung intervenieren zu können, hat die Soros-Spekulation gegen das englische Pfund gezeigt (S. 67).

Ein Mangel an Devisengeld kann zu großen Problemen führen, wie die Finanzkrisen 1994 in Mexiko und 1997 in Thailand gezeigt haben. Diese Staaten hatten ihre Währungen an den Dollar gekoppelt. Ein Wirtschaftsboom lockte ausländische Investoren an, die ihre Dollar in diesen Staaten investierten, weil sie davon ausgingen, dass sie ihre hohen Gewinne, die sie in diesen Staaten in Landeswährung machen, Gewinne in Dollar sind. Die Auszahlung der Gewinne in Dollar war später jedoch nicht möglich, da Mexiko und Thailand die vorher erhaltenen Gelddevisen ausgegeben hatten und nun nicht über ausreichende Dollarreserven verfügten. Sie gaben die Bindung an den Dollar auf. Ihre Währungen werteten ab und die ausländischen Investoren erhielten für ihre Gewinne in der Landeswährung nur geringe Dollarbeträge.

Eine Verschuldung gegenüber dem Ausland und in ausländischer Währung kann problematisch sein. Auch die USA sind gegenüber dem Ausland verschuldet. Der entscheidende Unterschied zu anderen Staaten ist jedoch, dass die USA in ihrer eigenen Währung verschuldet sind. Der Dollar ist die Leitwährung, die von anderen Staaten zur Abwicklung des internationalen Handels benötigt wird. Die Nachfrage nach Dollar ist aus diesem Grunde hoch. Der amerikanische Staat hat keine Schwierigkeit, seinen Haushalt durch Emission von Staatsanleihen und daher mit Schulden zu finanzieren, da diese vom Ausland gekauft werden. Die hohe ausländische Nachfrage nach amerikanischen Staatsanleihen bewirkte, dass deren Kurse hoch und damit die Zinsen niedrig blieben. Die hohe amerikanische Staatsverschuldung kann zum Problem werden, wenn der Dollar die Funktion als Leitwährung verlieren würde. Die Nachfrage nach Dollar würde zurückgehen, der Kurs der amerikanischen Staatsanleihen sinken und die Zinsen steigen.

20. Der Euro – Ein Projekt mit Problemen

Der Staat benötigt ein Finanzsystem. Er bestimmt die Währung und das gesetzliche Zahlungsmittel (S. 11). Er ist der Garant des Finanzsystems (S. 72) und ist durch seine Ausgaben- und Haushaltspolitik für den Geldwert verantwortlich (S. 14). Da die Europäische Union (EU), deren Projekt der Euro ist, kein Staat ist, sondern eine durch Verträge verbundene Vielzahl souveräner Staaten, die ihre eigene Ausgaben- und Haushaltspolitik betreiben, ist der Euro eine Währung ohne Staat. Eine Währung ohne verantwortlichen Staat kann nur unter engen Voraussetzungen funktionieren. Da die Währung das Spiegelbild der Wirtschaft ist (S. 80), kann eine Einheitswährung nur dann ein Spiegelbild des einheitlichen Währungsraumes sein, wenn die wirtschaftlichen Strukturen einheitlich sind. Einheitliche wirtschaftliche Strukturen setzen voraus, dass die Staaten der Währungsunion eine einheitliche Haushaltspolitik und eine damit einhergehende einheitliche Steuer-, Arbeitsmark und Wirtschaftspolitik betreiben.

Vor der Einführung des Euro im Jahre 1999 gab es kontroverse Auffassungen über den Zeitpunkt der Einführung. Die einen meinten, die gemeinsame Währung könne erst nach Abschluss des Prozesses der Vereinheitlichung der unterschiedlichen Haushaltspolitiken eingeführt werden. Die anderen, deren Auffassung durchgesetzt wurde, gingen davon aus, dass die gemeinsame Währung die Vereinheitlichung erzwingen werde. Im Maastricht-Vertrag von 1992 – dieser Vertrag ist die Grundlage der Währungsunion – wurden die Voraussetzungen für die Einführung des Euro, die sogenannten Konvergenzkriterien, festgelegt. Konvergenzkriterien sind unter anderem niedrige Zinsen und die Begrenzung der Staatsverschuldung. Die jährliche Staatsverschuldung darf 3% und die Gesamtstaatsverschuldung 60% des Bruttoinlandsprodukts nicht überschreiten. Die Grenze der Staatsverschuldung wurde durch den Stabilitäts- und Wachstumspakt von 1997 auch für die Zeit nach Einführung des Euro festgeschrieben.

In den südlichen Eurostaaten hatte es in den 1970er und 1980er Jahren hohe Inflationsraten gegeben. Bei hoher Inflation sind die Zinsen hoch.

Zu Anfang der 1990er Jahre waren die Zinsen in Spanien und Portugal besonders hoch. Um den Euro 1999 einführen zu können, mussten die Zinsen gesenkt werden, was auch gelang.

Das nachstehende Diagramm zeigt die Zinsentwicklung in Spanien, Irland, Portugal und Deutschland. Für Griechenland sind keine Daten verfügbar.

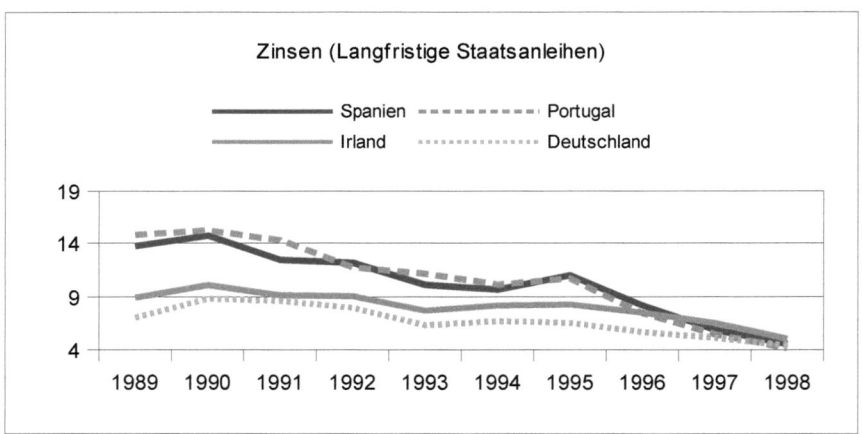

Datenquelle: Eurostat (20)

Nach der Einführung des Euro waren die Zinsen niedrig. Der Euro startete mit einem Leitzins von 3%, der aber wenig später auf 2,5% reduziert wurde. Die für die südlichen Eurostaaten ungewohnt niedrigen Zinsen regten nach der Einführung des Euro zur Kreditaufnahme bzw. Verschuldung an und förderten das Wirtschaftswachstum, das durch die EU-Strukturprogramme, die eine Kofinanzierung mit Eigenmitteln bzw. Krediten erfordern, zusätzlich gefördert wurde. Der Euro wurde allgemein als großer Erfolg gewertet.

Die nachstehenden Diagramme zeigen die Entwicklung des Wirtschaftswachstums, der Verschuldung der Unternehmen und Privathaushalte sowie des Finanzsektors in Spanien, Portugal, Griechenland, Irland und Deutschland.

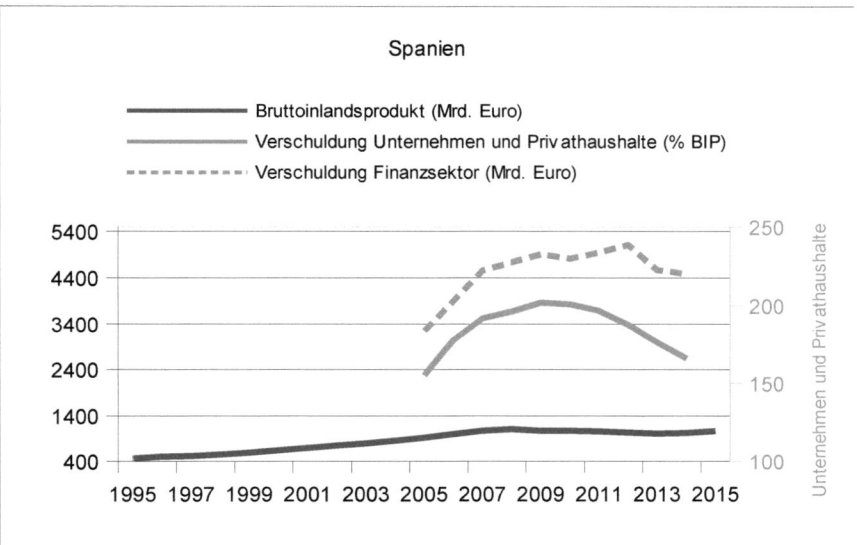
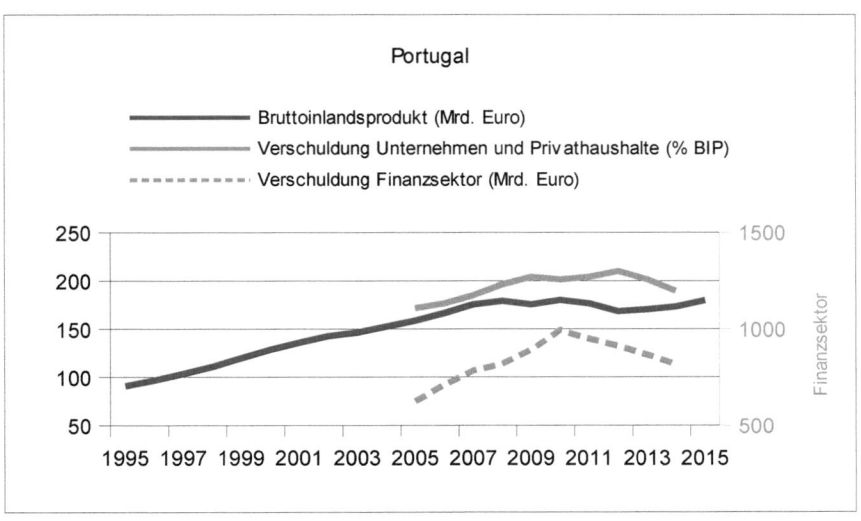

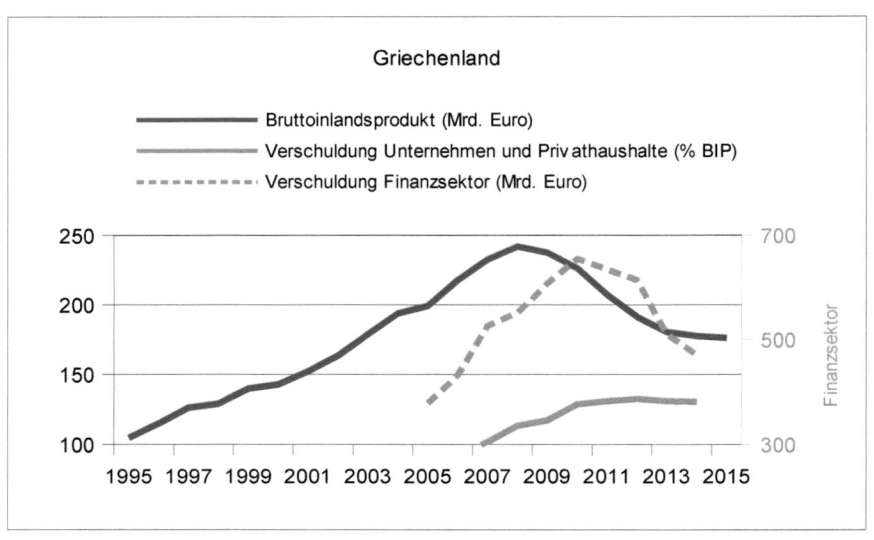

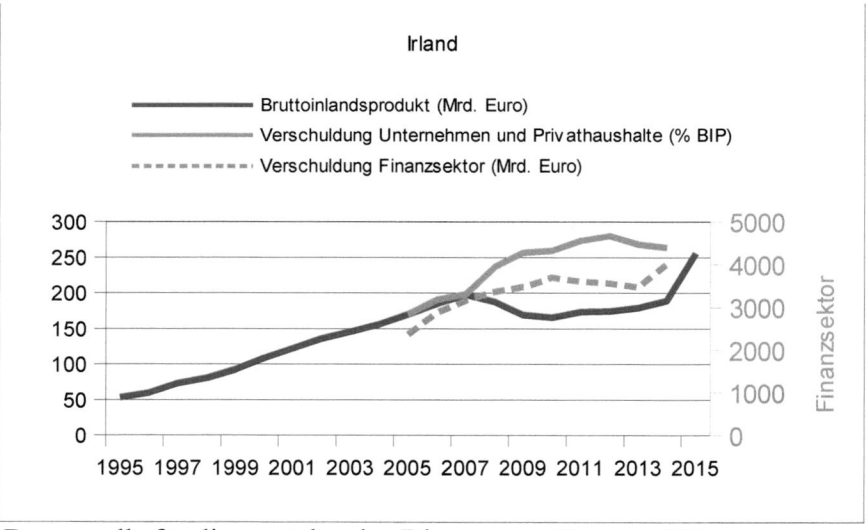

Datenquelle für die vorstehenden Diagramme: Eurostat (21)

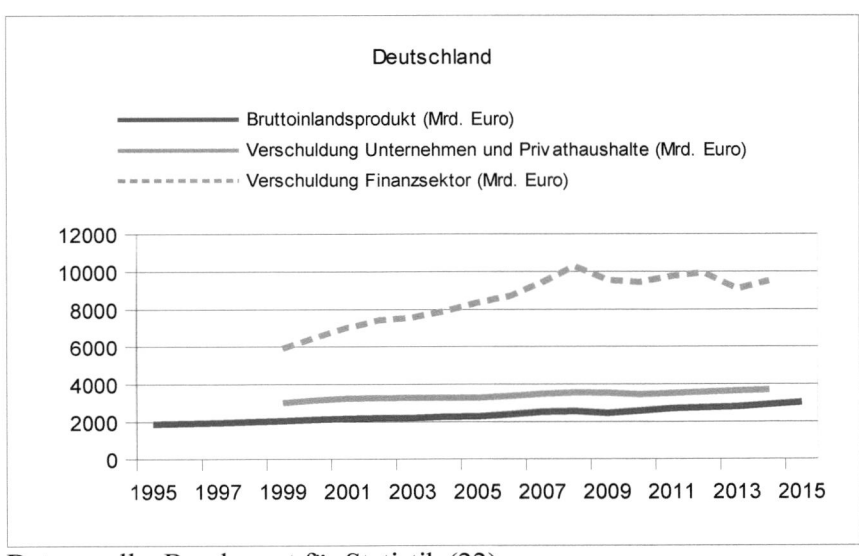

Datenquelle: Bundesamt für Statistik (22)

In Zahlen ausgedrückt stellt sich die Steigerung des Bruttoinlandsprodukts und der Verschuldung bis 2009 wie folgt dar:

Bruttoinlandsprodukt von 1995 zu 2008:
Spanien: 138%
Portugal: 95%
Irland: 259%
Griechenland: 132%
Deutschland: 34%

Verschuldung von 2005 zu 2009:
	Unternehmen und Privathaushalte	Finanzsektor
Spanien:	30%	50%
Portugal:	19%	42 %
Irland:	50%	46%
Griechenland:	35%	60%
Deutschland:	6%	14%

Im Vergleich zu den anderen Eurostaaten waren die Steigerungsraten in Deutschland niedrig. Wenn die Verschuldung in den USA eine Folge der Deregulierung und niedriger Zinsen war (S. 60), so war die Verschuldung der Eurostaaten eine Folge der Einführung des Euro und niedriger Zinsen. Die Deregulierung und der Euro verursachten eine große Euphorie, wobei der Anstieg der Verschuldung ignoriert wurde. Die Verschuldung der deutschen Finanzsektors war bereits vor 2005 stark gestiegen, da der Finanzsektor sich die Deregulierung zunutze gemacht hatte, sodass die Steigerungsraten nach 2005 nur moderat waren. Die Verschuldung des deutschen Finanzsektors beträgt mit 10 Bio. € etwa das dreifache des Bruttoinlandsprodukts.

Deutschland war nach 2000 durch die Wiedervereinigung belastet und galt als der „kranke Mann Europas". Ein hohes Wirtschaftswachstum hätte nur mit sehr niedrigen Zinsen erreicht werden können. Der Leitsatz der EZB war für Deutschland zu hoch. Da die Wirtschaft nicht durch niedrige Zinsen belebt werden konnte, war dies nur durch Entlastung der Wirtschaft möglich. Die Entlastung erfolgte durch die 2003 verabschiedete Agenda 2010. Die Staatsausgaben und die Steuern wurden reduziert, die Sozialverwaltung reformiert, das Renteneintrittsalter und die Wochenarbeitszeit angehoben und die Befristung und Aufhebung von Arbeitsverträge erleichtert. Löhne und Gehälter im privaten und öffentlichen Sektor stiegen nur moderat.

In den deutschen Kommunen, in denen ein erheblicher der Teil der staatlichen Aufgaben erledigt wird, galt bereits in den 1990er Jahren – und hier spricht der Autor aus eigener Erfahrung - die Devise der schlanken, effizienten und kostengünstigen Verwaltung. Das Ziel waren flache Hierarchien und kurze Entscheidungswege, um unter anderem die Dauer der behördlichen Genehmigungsverfahren zu beschleunigen, was vor allem bei der Ansiedlung von Unternehmen von Bedeutung ist.

In Zeiten großer Euphorie besteht die Gefahr, dass vorhandene Schwächen ignoriert werden. So wurden die bisherigen Strukturen in manchen Eurostaaten – großer teurer Verwaltungsapparat, Subventionierung und großer Einfluss des Staates auf die Wirtschaft – nicht geändert. Die

Strukturen sind über lange Zeiträume entstanden und sind, da sie auf einer bestimmten Mentalität beruhen, nur schwer und nur über lange Zeiträume zu ändern. Das gleiche gilt auch für die Einstellung zum Geldwert. Die Unterschiede waren bereits vor Einführung des Euro zu Tage getreten, als die festen Wechselkurse des Europäischen Währungssystems (S. 67) wiederholt neu festgesetzt werden mussten.

Anders als in Deutschland führte der Boom in den anderen genannten Eurostaaten zu einem stärkeren Anstieg der Löhne und der Preise. Der Anstieg der Konsumgüterpreise ist im folgenden Diagramm dargestellt:

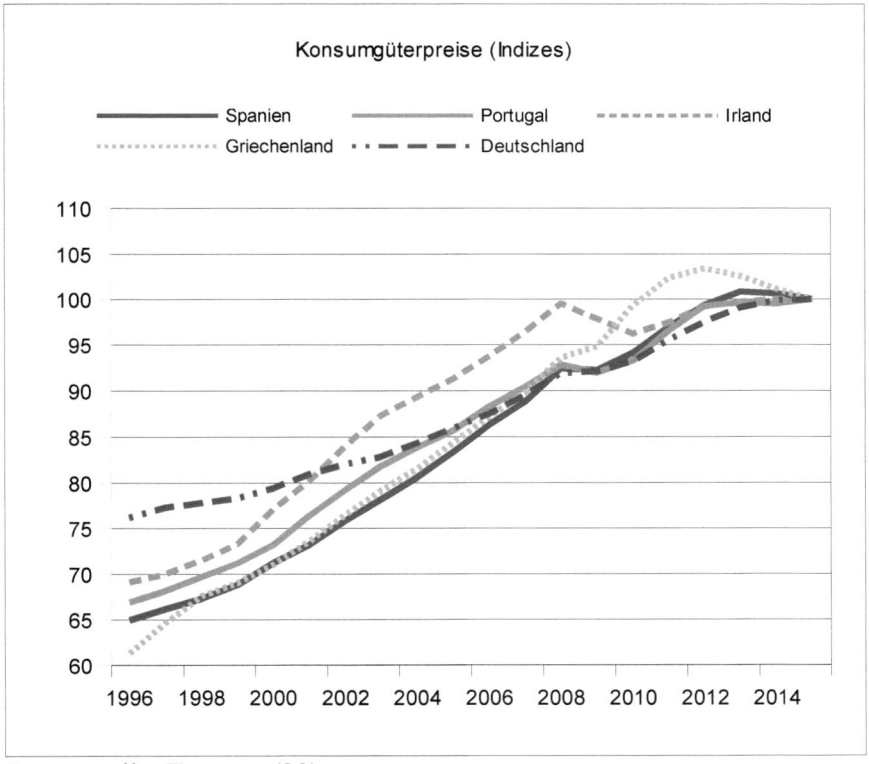

Datenquelle: Eurostat (23)

Die Steigerungsrate der Konsumgüterpreise von 1996 zu 2008 stellt sich wie folgt dar:
Spanien: 42%
Portugal: 38%
Irland: 43%
Griechenland: 52%
Deutschland: 20%

Der unterschiedliche Anstieg der Konsumgüterpreise bzw. der Inflation führt in einer Währungsunion zu Verwerfungen. Die Einwohner der Staaten mit höheren Preisen und höheren Löhnen kaufen die Güter aus den anderen Staaten, in denen die Preise niedrig sind. Auf diese Weise tragen sie zum Wirtschaftswachstum in den anderen Staaten bei, sodass das Wirtschaftswachstum im eigenen Land zurückgeht. Ohne die Währungsunion hätten sie die Möglichkeit der Abwertung ihrer Währung, um die Güter aus den anderen Ländern zu verteuern. Eine Angleichung ist nur durch grundlegende Veränderungen zu erreichen, durch die in den Staaten mit hohen Preisen und Löhnen diese reduziert oder in den Staaten mit niedrigen Preisen und Löhnen diese erhöht werden.

21. Das Europäische System der Zentralbanken (ESZB)

Die Grundlage des Euro ist das Europäische System der Zentralbanken (ESZB), das aus der EZB und den nationalen Zentralbanken aller EU-Staaten besteht, also auch aus den nationalen Zentralbanken der EU-Staaten, die den Euro nicht eingeführt haben. Die Nationalbanken aller EU-Staaten haben Anteile am Kapital der EZB, das ca. 10 Mrd. € beträgt. Die Staaten, die den Euro nicht haben, sind die „Staaten mit Ausnahmeregelung". Sie sind von den Rechten und Pflichten des ESZB ausgeschlossen. Sie sind daher nicht im EZB-Rat vertreten, der die geldpolitischen Entscheidungen (Leitzins, Geldmenge, Ankauf von Wertpapieren) für die Eurostaaten trifft. Sie sind lediglich in einem erweiterten EZB-Rat vertreten, der nur geringe Kompetenzen hat.

Die EZB und die im EZB-Rat vertretenen nationalen Zentralbanken der Eurostaaten bilden das Eurosystem. Die Eurostaaten sind in der Eurogruppe zusammengeschlossen. Diese soll die Haushaltspolitik der Eurostaaten koordinieren und über die Einhaltung der Stabilitätskriterien (S. 83) wachen.

Die geldpolitischen Entscheidungen bzw. Beschlüsse des EZB-Rates werden durch die nationalen Zentralbanken umgesetzt. Diese haben insofern nur eine ausführende Funktion. Nur ausnahmsweise sind sie befugt, in eigener Kompetenz den Banken Zentralbankgeld zur Verfügung zu stellen. Diese Kompetenz betrifft den Fall, dass eine Bank illiquide ist und daher schnell gehandelt werden muss. Sie wird als Emergency Liquidity Assistance – ELA – (Liquidität Notfallhilfe) bezeichnet. Bei großzügiger Anwendung kann mit ELA kann auch eine unerkannt insolvente Bank (S. 73) einige Zeit über Wasser gehalten werden. Der EZB-Rat kann die Anwendung oder ELA untersagen. Ein dahingehender Beschluss des EZB-Rates bedarf einer 2/3 Mehrheit.

Eigene Kompetenzen für die nationalen Zentralbanken wurden ferner im Agreement on Net-Financial Assets (ANFA) begründet. Es handelt sich um ein Geheimabkommen zwischen der EZB und den nationalen Zentralbanken, das 2015 bekannt wurde. Danach dürfen die nationalen

Zentralbanken in eigener Kompetenz Zentralbankgeld schöpfen und damit Staatsanleihen ankaufen.

Auch im europäischen Geldtransfersystem Target (inzwischen Target 2) spielen die nationalen Zentralbanken eine Rolle. Target ist die Abkürzung für Trans-European Automated Real-time Gross Settlement Express Transfer (Transeuropäischer Automatisierter Brutto-Ausgleich in Echtzeit durch Express-Transfer). Wir wollen uns mit Target befassen, weil die Salden, die durch Target entstehen, für die Frage bedeutsam sind, ob sich eine Belastung für den deutschen Staatshaushalt bzw. den deutschen Steuerzahlen ergibt.

Wir wollen uns den Geldtransfer beim Target wieder anhand eines Falles veranschaulichen. Der Spanier S hat ein Girokonto bei der spanischen Bank SP und ein Girokonto bei der deutschen Bank DE. Er möchte 1.000 € von seinem spanischen Girokonto auf sein deutsches Girokonto transferieren.

Zunächst eine Vorüberlegung: Hätten die beiden Banken ein Zentralbankkonto bei der EZB, dann könnte der Geldtransfer über die EZB wie bei einem inländischen Geldtransfer (S. 24) ablaufen. Nun wird der Geldtransfer aber lediglich über die spanische und die deutsche Zentralbank abgewickelt. Wir fragen: Wie würde der Geldtransfer mit Banknoten erfolgen?

S lässt sich 1.000 € in Banknoten von der Bank SP auszahlen, fährt nach Deutschland und zahlt die 1.000 € bei der Bank DE ein. Die Bank SP verliert 1.000 € Zentralbankgeld – Banknoten im Besitz der Bank sind Zentralbankgeld - und die Bank DE erhält 1.000 € Zentralbankgeld. Wir sehen: Es ist Zentralbankgeld im Spiel.

Für den Buchgeldtransfer kann nichts anderes gelten. Beim Buchgeldtransfer geschieht im Prinzip folgendes: Vom Girokonto des S bei der Bank SP und vom Zentralbankkonto der Bank SP bei der spanischen Zentralbank werden 1.000 € abgebucht. Auf dem Girokonto des S bei der Bank DE werden 1.000 € hinzu gebucht. Die Frage ist: Woher erhält die Bank DE das Zentralbankgeld als Gegenwert für die Buchung auf dem Girokonto des S?

Eigentlich müsste die Bank DE das Zentralbankgeld von der Bank SP erhalten. Statt der Abbuchung von 1.000 € Zentralbankbuchgeld könnte die Bank SP sich 1.000 € Banknoten von der spanischen Zentralbank auszahlen lassen und die Banknoten der Bank DE überbringen. Damit würde die Bank DE Zentralbankgeld erhalten. Dieses Verfahren wäre umständlich und wird daher nicht praktiziert. Stattdessen geschieht folgendes:

Die Bank DE erhält 1.000 € Zentralbankgeld nicht von der Bank SP, sondern von der deutschen Zentralbank, und zwar nicht als Kredit. Da die deutsche Zentralbank somit keine Forderung (aus Kredit) gegen die Bank DE erhält, muss sie anderweitig einen Gegenwert erhalten. Diesen Gegenwert erhält sie in Form einer Forderung in Höhe von 1.000 € gegen die spanische Zentralbank, da sie deren Geldtransfergeschäft besorgt.

Wenn nun S umgekehrt sagen wir 300 € von seinem Girokonto bei der Bank DE auf sein Girokonto bei der Bank SP transferiert, erhält die spanische Bank, da sie 300 € Zentralbankgeld auf dem Zentralbankkonto der Bank SP schöpft, eine Forderung in Höhe von 300 € gegen die deutsche Zentralbank.

Man hat sich weiterhin nun auf folgendes Verfahren verständigt: Die Forderungen und Schulden der Zentralbanken werden am Ende eines Tages auf die EZB übertragen. Bei der EZB werden die Forderungen und Schulden verrechnet bzw. saldiert. Dabei entstehen - wegen der unterschiedlich hohen Geldtransfers zwischen den Eurostaaten - Salden, die sogenannten Targetsalden. In unserem Fall ergibt sich für die deutsche Zentralbank ein positiver Targetsaldo von 700 €.

Im Ergebnis erhält die deutsche Zentralbank eine Forderung von 700 € gegen die EZB (Positiver Targetsaldo), die in dieser Höhe gegenüber der deutschen Zentralbank verschuldet ist. Die spanische Zentralbank ist in

Höhe von 700 € gegenüber der EZB verschuldet (Negativer Targetsaldo), sodass die EZB eine Forderung in dieser Höhe gegen die spanische Zentralbank hat.

In normalen Zeiten sind die Geldtransfers innerhalb der Eurozone mehr oder weniger ausgeglichen und es entstehen keine hohen Salden. Anders ist es, wenn Geldtransfers vornehmlich in eine Richtung verlaufen, wie dies während der Eurokrise der Fall war und viel Geld nach Deutschland transferiert wurde. Die positiven Targetsalden der deutschen Zentralbank erreichten zeitweise 750 Mrd. €.

Die Frage ist, welche Folgen sich aus den hohen deutschen positiven Targetsalden für den deutschen Staatshaushalt ergeben.

Der deutsche Staatshaushalt könnte dadurch betroffen sein, dass er keine Gewinnabführung durch die deutsche Zentralbank erhält. Eine Gewinnabführung entfällt, wenn die deutsche Zentralbank einen Verlust macht. Würde die deutsche Zentralbank in unserem Fall auf dem Zentralbankkonto der Bank DE 1.000 € Zentralbankgeld schöpfen, ohne dass sie einen Gegenwert erhielte, dann ergäbe sich in ihrer Bilanz ein Verlust, da die Schöpfung von Zentralbankgeld zu einem Passivposten in der Bilanz der Zentralbank führt (S. 16). Dieser Passivposten wird jedoch durch die Forderung gegen die EZB ausgeglichen (Bilanz der Bundesbank; Ziffer 9 Forderungen innerhalb des Eurosystems; 9.4 Sonstige Forderungen)[1]. Da bei der deutschen Zentralbank somit bilanzmäßig kein Verlust entsteht, wird die Gewinnabführung an den Staatshaushalt nicht verringert. Die Targetsalden führen somit nicht zu einer Belastung des deutschen Staatshaushalts bzw. des deutschen Steuerzahlers. Ob dies auch im Falle der Beendigung der Währungsunion gilt, ist eine andere Frage, die wir später erörtern werden.

---

1 www.bundesbank.de Publikationen – Berichte – Geschäftsberichte - Geschäftsbericht 2015, S. 77 und 85

22. Zusammenfassung der bisherigen Überlegungen

Bevor wir mit der Finanzkrise 2008 und der Eurokrise 2010 fortfahren, wollen wir uns das Wichtigste zusammengefasst vor Augen führen.

1. In einem reinen Papiergeldsystem kann Zentralbankgeld bzw. Geld unbegrenzt geschöpft werden. Da Zentralbankgeld bzw. Geld durch Schulden entsteht, kann die Verschuldung unbegrenzt steigen.

2. Schulden werden durch Geld getilgt und dadurch reduziert. Geld erfordert eine Arbeitsleistung. Die Verschuldung wird folglich durch Arbeitsleistung reduziert.

3. Vermögen entsteht durch Arbeitsleistung (Eigenleistung beim Bau eines Eigenheims) oder ohne Arbeitsleistung (Vermögenszuwachs aufgrund einer Preissteigerung).

4. Das Finanzsystem ist ein Aufwärtsspiral-System mit ständig steigender Geldmenge und Verschuldung. Da im reinen Papiergeldsystem die Geldmenge und die Verschuldung unbegrenzt steigen können, besteht die Gefahr einer übermäßigen Verschuldung. Eine übermäßige Verschuldung erhöht die Gefahr von Insolvenzen, was sich auf die Stabilität des Finanzsystems negativ auswirkt.

5. Es ist zwischen Realwirtschaft und Finanzwirtschaft zu unterscheiden. In der Realwirtschaft, die für den Menschen von konkretem Nutzen ist und in der es die meisten Arbeitsplätze gibt, werden Güter durch Arbeitsleistung hergestellt. In der Finanzwirtschaft, die zu einer riesigen Finanzindustrie geworden ist, wird Vermögen ohne Arbeitsleistung durch Verschuldung hergestellt.

6. Um die Vorgänge in der Realwirtschaft von den Vorgängen in der Finanzwirtschaft besser unterscheiden zu können, sollte man zweckmäßigerweise zwischen Geld und Zentralbankgeld unterscheiden. In der Realwirtschaft wird Geld eingesetzt, der Bankensektor der Finanzwirtschaft arbeitet mit Zentralbankgeld.

7. Die Insolvenz einer systemischen Bank gefährdet das Finanzsystem. Da das Finanzsystem für den Staat existentiell ist, ist der Staat gezwungen, die systemische Bank zu retten.

8. Das Platzen einer Blase hat schwerwiegende Folgen. Das Vermögen verfällt, die Schulden bleiben. Es drohen Insolvenzen der Banken, die keine Kredite mehr vergeben. Es droht eine systemwidrige Abwärtsspirale bzw. eine Rezession in der Realwirtschaft.

9. In der Realwirtschaft der westlichen Industriestaaten sind die Märkte weitgehend gesättigt. Das Angebot an Gütern ist im Verhältnis zur Nachfrage hoch. Infolge einer hohen Automatisierung können Güter zu niedrigen Kosten produziert werden, sodass die Preise nur in geringem Umfang steigen.

10. Das Finanzsystem ist global. Waren und Währungen werden ohne Probleme international gehandelt. Die wichtigsten Währungen sind voll konvertibel (umtauschbar). Die Banken und Finanzunternehmen arbeiten international. Sie sind global vernetzt.

23. Die Finanzkrise 2008

Die Ursache der Finanzkrise 2008 ist die drohende Insolvenz von Banken als Folge einer geplatzten Immobilienblase in den USA. Die US-Immobilienpreise waren vor 2008 übermäßig gestiegen (Diagramm 14, S. 54). Der Anstieg der US-Immobilienpreise ist auf die hohe Nachfrage nach Immobilien infolge niedriger Zinsen für Hypothekenkredite zurückzuführen. Der US-Leitzins war ab 2000 als Reaktion auf die geplatzte Internetblase und auf den 11. September 2001 bis auf 1% gesenkt worden.

In direktem Zusammenhang mit der Möglichkeit, Immobilien zu niedrigem Kredit zu erwerben, steht das Geschäft mit den Hypothekenverbriefungen (MBS, S. 65), das erheblichen Aufschwung nahm. Insbesondere das Volumen an Verbriefungen von staatlich geförderten Unternehmen (engl. government sponored enterprises), unter anderem von Fannie Mae und Freddy Mac (S. 65), stiegen beachtlich. Das nachstehende Diagramm zeigt die Entwicklung des Volumen der Verbriefungen (Forderungspools) der staatlich geförderten Unternehmen.

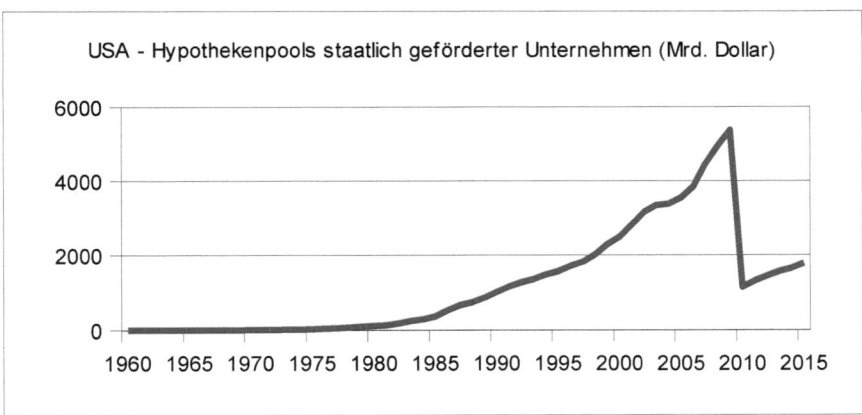

Datenquelle: Federal Reserve (24)

Die Nachfrage nach Hypothekenverbriefungen stieg so sehr, dass die zu verbriefenden Hypothekenforderungen knapp wurden. Um dem abzuhelfen, wurden Hypothekenkredite auch an einkommensschwache Kreditnehmer ohne Eigenkapital vergeben, die sich den Kauf eines Hauses eigentlich nicht leisten konnten. Man ging davon aus, dass der inzwischen eingesetzte Preisanstieg bei Immobilien sich fortsetzen werde, sodass die Kredite der einkommensschwachen Kreditnehmer gedeckt seien. Die Hypotheken an die einkommensschwachen Kreditnehmer werden als zweitklassige Hypotheken (engl. subprime mortgages) bezeichnet.

Mit der Vergabe zweitklassiger Hypothekenkredite gingen die Banken ein erhebliches Risiko ein. Dieses Risiko wurde auf die Käufer der Verbriefungen abgewälzt, soweit die Verbriefungsunternehmen die Verbriefungen nicht garantierten. Bei den strukturierten Verbriefungen wurde das Risiko auf die verschiedenen Risikoklassen verteilt (S. 65 und 66).

Die zweitklassigen Hypothekenkredite wurden zum Problem, als die Kreditnehmer der zweitklassigen Hypotheken die Zinsen nicht zahlen konnten. Die Zinsbindungsfrist in den Hypothekenverträgen war abgelaufen und die Zinsen waren gestiegen, weil die amerikanische Zentralbank ab 2004 begonnen hatte, den Leitzins anzuheben. Die Folge waren Zahlungsausfälle bei den zweitklassigen Hypotheken. Die weitere Folge war, dass die Vergabe neuer Hypothekenkredite zurückging. Damit ging auch die Nachfrage nach Immobilien zurück und infolgedessen auch der Anstieg der Immobilienpreise. Die Immobilienpreise erreichten im Juni 2006 den Höchststand, genau zu dem Zeitpunkt, als auch der US-Leitzins mit 5,25% den Höchststand erreicht hatte. Es ist ein anschauliches Beispiel für den Zusammenhang zwischen der Entwicklung des Zinses und des Immobilienpreises. Der Zusammenhang ist im nachstehenden Diagramm dargestellt.

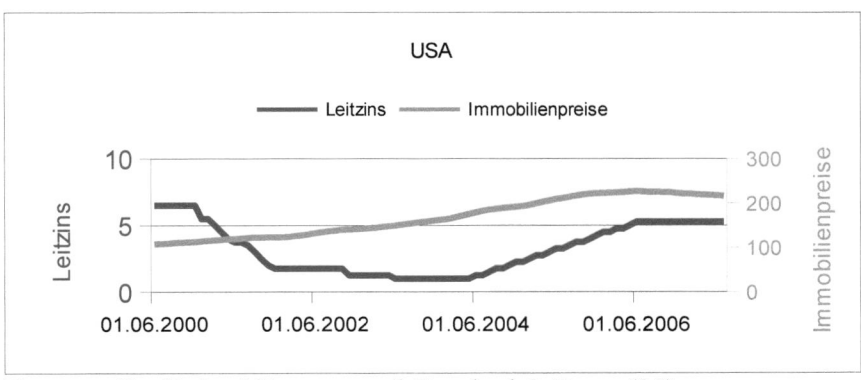

Datenquelle: Federal Reserve und Standard & Poors (25)

Ab Juni 2006 fielen die Immobilienpreise. Die Immobilienblase war geplatzt. Die Immobilienpreise fielen nach und nach um mehr als 30% (Diagramm 14, S. 54). Sie erreichten im Mai 2009 den Tiefstpunkt. Die zweitklassigen Hypothekenforderungen waren nicht mehr durch Immobilienwerte gedeckt. Die Verbriefungen verloren erheblich an Wert.

Platzt eine Blase, so verfällt das Vermögen, die Verschuldung aber bleibt (S. 54). Wenn die Verschuldung höher ist als das Vermögen, liegt Insolvenz vor. Wird ein Finanzunternehmen insolvent, besteht die Gefahr der Insolvenz von Banken und damit, vor allem durch ihre Eigengeschäfte verursacht, die Gefahr für das Finanzsystem.

Manche Bank hatte in renditeträchtige Verbriefungen investiert und sich damit die Risiken, die sie zuvor abgewälzt hatte, wieder ins Haus geholt. Durch die Wertverluste der Verbriefungen hatten sie hohe Verluste. Sie hatten entsprechend dem Grundsatz der Fristentransformation (S. 72) den Erwerb der Verbriefungen mit kurzfristigen Krediten, etwa der Emission von Verbriefungen mit kurzer Laufzeit, den Asset Backed Commercial Papers (Handelspapiere, die mit einem Vermögensgegenstand gesichert sind – ABCP) finanziert. Als die ABCP zur Auszahlung fällig waren, war die Emission neuer ABCP nicht möglich, da sich nach Ausbruch der Finanzkrise keine Käufer für die Papiere mehr fanden. Die Banken hatten nicht die notwendigen Einnahmen, auch nicht durch den Verkauf der im Wert gesunkenen Verbriefungen, um die ABCP auszahlen zu können. Ihnen drohte die Insolvenz. Der amerikanische Staat errichtete einen Rettungsschirm mit einem Volumen von 700 Mr.d $ zur Rettung der Banken und Finanzunternehmen.

Nicht gerettet wurde das Finanzunternehmen bzw. die Investmentbank Lehman Brothers, die in Verbriefungen investiert und mit kurzfristigen Krediten finanziert hatten, und zwar noch zu einem Zeitpunkt, als die Immobilienpreise und die Kurse der Verbriefungen bereits fielen. Lehman Brothers hatten darauf spekuliert, dass die Immobilienpreise sich wieder erholen und sie bei einem Anstieg der Kurse der Verbriefungen einen hohen Gewinn machen würden. Sie hatten nicht erkannt, dass eine Immobilienblase geplatzt war. Sie wurden, da sie die von den skeptisch gewordenen Gläubigen geforderten Sicherheiten in Form liquider Mittel nicht stellen konnte, im September 2008 zahlungsunfähig.

Zunächst war nicht klar, ob die Zahlungsunfähigkeit von Lehman Brothers eine Illiquidität oder eine Insolvenz war. Vielleicht hätten Lehman Brothers Kredite der amerikanischen Zentralbank erhalten, wenn sie denn Zugang zur Zentralbank gehabt hätten. Diesen Zugang hatten die amerikanischen Investmentbanken unter der Geltung des Trennbankensystems nicht und sie haben den alten Status auch nach Aufhebung des Trennbankensystems 1999 beibehalten. Die Unklarheit darüber, ob eine Illiquidität oder Insolvenz vorlag, dürfte unter anderem darauf zurückzuführen sein, dass es - wie ein späterer Prüfbericht ergab - Lehman Brothers gelungen war, die Höhe der tatsächlichen Verschuldung durch einen Bilanztrick, und zwar durch Repro 105-Geschäfte, zu verschleiern.

Das normale Repro-Geschäft besteht darin, dass eine Bank bzw. ein Finanzunternehmen bei einer anderen Bank bzw. einem anderen Finanzunternehmen einen kurzfristigen Kredit aufnimmt und dabei Wertpapiere zur Sicherheit übereignet. Die Verpflichtung zur Rückzahlung des Kredits ist eine Verpflichtung, die bilanzmäßig auszuweisen ist. Lehman-Brothers wandelten das Repro-Geschäft in der Weise ab, dass sie Wertpapiere an eine andere Bank verkauften bei gleichzeitiger Vereinbarung einer kurzfristigen Rückkaufverpflichtung. Damit das Repro-Geschäft als normaler Verkauf erschien und nicht als ein Kredit mit Sicherungsübereignung, wurde der Kaufpreis mit 105% des Wertes der Wertpapiere vereinbart. Mit dem Verkaufserlös wurden die Schulden vorübergehend getilgt. Da die Verpflichtung zum Rückkauf bilanzmäßig nicht erfasst wird, wurde durch die Tilgung die Verschuldung vorübergehend niedriger dargestellt. Lehman Brothers tätigte die Repro 105-Geschäfte kurz vor den Bilanzstichtagen, sodass das wirkliche Ausmaß der Verschuldung an den Tagen der öffentlichen Berichterstattung geringer erschien als sie in Wirklichkeit war. Nach den Bilanzstichtagen mussten Lehman Brothers die Wertpapiere zurückkaufen und hierfür Kredite aufnehmen.

Von der Zahlungsunfähigkeit von Lehman Brothers waren andere Finanzunternehmen und vor allem Banken betroffen. Es kam zu hohen Forderungsverlusten bzw. Schuldenschnitten.

Die Finanzkrise 2008 wird häufig mit der Pleite von Lehman Brothers gleichgesetzt. Dies ist ungenau. Die Krise hatte bereits vor der Zahlungsunfähigkeit von Lehman Brothers begonnen. Hedgefonds der Investmentbank Bear Stearns waren wegen ihres Engagement in Verbriefungen bereits 2007 pleite gegangen. Ihre Schulden wurden von Bear Stearns übernommen, die dadurch selbst in Schwierigkeiten kam und von JP Morgan übernommen wurde. Auch in Deutschland hatte es bereits 2007 Probleme bei Banken gegeben, die im Verbriefungsgeschäft tätig waren (z.B. IKB, WestLB). Die Pleite von Lehman Brothers hat die Krise allerdings erheblich verschärft.

Da das Platzen einer Blase zu einer Rezession führt (S. 55), drohte mit der Finanzkrise 2008 eine schwere Rezession. Das Finanzsystem als Aufwärtsspiral-System mit steigender Verschuldung war gestört. Ohne Verschuldung und ohne Kredite der Banken gibt es kein ausreichendes Wirtschaftswachstum. Die Banken, die hohe Verluste hatten, vergaben aus Furcht vor weiteren Verlusten keine Kredite mehr, auch nicht an andere Banken, da das Vertrauen der Banken untereinander gestört war. Es kam zu einer Kreditklemme (S. 26).

Um eine Kreditklemme abzuwenden, traf die die amerikanische Zentralbank einschneidende geldpolitischen Maßnahmen. Sie setzte 2008 den Leitzins abrupt auf null, wie das nachstehende Diagramm zeigt.

Datenquelle: Federal Reserve (26)

Um die Banken zu veranlassen, Kredite an die Realwirtschaft zu vergeben, stellte die amerikanische Zentralbank ab 2008 den Banken große Mengen an Zentralbankgeld zur Verfügung, unter anderem durch quantitative Lockerung bzw. den Ankauf von Staatsanleihen. Die Zentralbankgeldmenge bzw. Geldbasis stieg schließlich auf 4 Bio. $. Die Entwicklung der Geldbasis und des Bestandes an Staatsanleihen bei der amerikanischen Zentralbank sind im folgenden Diagramm dargestellt.

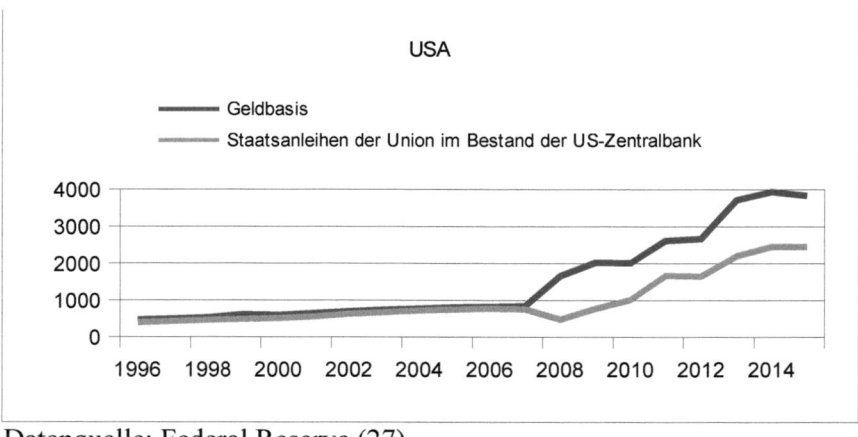

Datenquelle: Federal Reserve (27)

Auch die Regierungen ergriffen Maßnahmen zur Abwehr einer Rezession. Sie legten kreditfinanzierte Konjunkturprogramme auf (z.B. Zuschuss zum Kauf eines neuen Autos, sog. Abwrackprämie). Die Rettung der Banken und die Konjunkturprogramme führten zu einem deutlichen Anstieg der Staatsverschuldung in den USA und in Deutschland.

Die Entwicklung der Staatsschuldenquote - der prozentuale Anteil der Gesamtstaatsverschuldung am Bruttoinlandsprodukt – stellt sich in den USA und in Deutschland wie folgt dar:

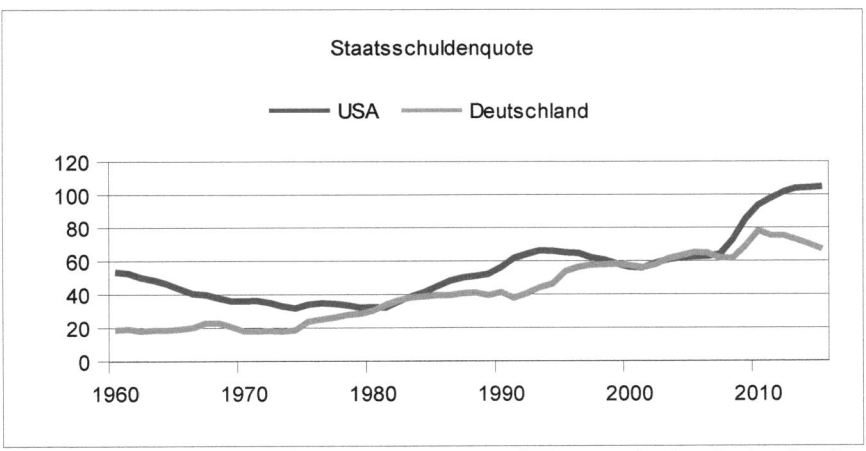

Datenquelle: TreasuryDirect US; Bureau of Economic Analysis; Statistisches Bundesamt (28)

Im Oktober 2008 wurde in Deutschland zur Rettung der Banken der staatliche Sonderfonds Finanzmarktstabilisierung – SoFFin – gebildet, dessen Verschuldung in der Gesamtstaatsverschuldung enthalten ist[1]. Der SoFFin hat darüber hinaus die Aufgabe, die Banken zu konsolidieren bzw. zu rekapitalisieren. Die Banken erhalten die Möglichkeit, die im Rahmen ihrer Eigengeschäfte erworbenen Problem-Wertpapiere an

---

1 www.bundesfinanzministerium.de - Service – Publikationen – Monatsbericht September 2016, S. 98 Tabelle 13 b Schulden der öffentlichen Haushalte, Bund Extrahaushalte Wertpapierschulden und Kredite

eine Bad Bank zu verkaufen, sodass die mit dem Verkaufserlös vollwertiges Vermögen erhalten (Rekapitalisierung) und zur Kreditvergabe in der Lage sind. Die Transaktion der Problem-Wertpapiere auf die Bad Bank erfolgt in der Weise, dass die Bank die Problem-Wertpapiere zum Preis von 90% des Buchwertes an die Bad Bank verkauft. Die Bad Bank finanziert den zu zahlenden Kaufpreis durch die Emission von Anleihen, die vom Staat (SoFFin) garantiert werden.

Die Bad Bank wird die Problem-Wertpapiere verkaufen, wobei nicht sicher ist, ob sie Einnahmen in der Höhe des an die Bank gezahlten Kaufpreises erzielen wird und die emittierten Anleihen bei Fälligkeit auszahlen kann. Sollte sie die Anleihen nicht auszahlen können, haftet der Staat (SoFFin) aufgrund der übernommenen Garantien. Im Ergebnis trägt der Staat die von der Bank mit ihren Eigengeschäften eingegangenen Risiken.

In Deutschland gibt es zwei Bad Banks als staatliche Einrichtungen (Anstalten des öffentlichen Rechts): Die FSM Wertmanagement (für die Hypo Real Estate) und die Erste Abwicklungsanstalt (für die WestLB). Die Schulden des FSM sind – wie die Schulden des SoFFin – in der Gesamtstaatsverschuldung enthalten[1]. Ob und in welcher Höhe sich am Ende bei den Bad Banks Verluste ergeben und der Staat bezahlen muss, wird sich erst nach Jahren, wenn alle Problem-Wertpapiere verkauft sind, herausstellen.

---

1   Siehe Fußnote S. 103

24. Die Eurokrise 2010

Die Ursache der Eurokrise sind die drohende Insolvenz von Banken als Folge von geplatzten Immobilienblasen und der drohende Staatsbankrott bei einigen Eurostaaten.

Die drohende Insolvenz von Banken betrifft Spanien und Irland. Die Banken in diesen Eurostaaten hatten infolge der niedrigen Zinsen (S. 84) in großem Umfang Kredite zum Kauf und zum Bau von Häusern vergeben. Infolge der hohen Nachfrage nach Immobilien waren die Immobilienpreise übermäßig gestiegen. Als zwischen 2005 bis 2008 der EZB-Leitzins von 2% auf 4,25% angehoben wurde, schwächte sich die Nachfrage nach Immobilien und infolgedessen der Preisanstieg ab. Die Immobilienpreise erreichten in 2008 ihren Höhepunkt, als auch der Leitzins den vorläufigen Höchststand erreicht hatte.

Wie in den USA (Diagramm 25, S. 99) ist auch auch im Falle Spanien und Irland ein Zusammenhang zwischen dem Leitzins und der Entwicklung der Immobilienpreise zu erkennen.

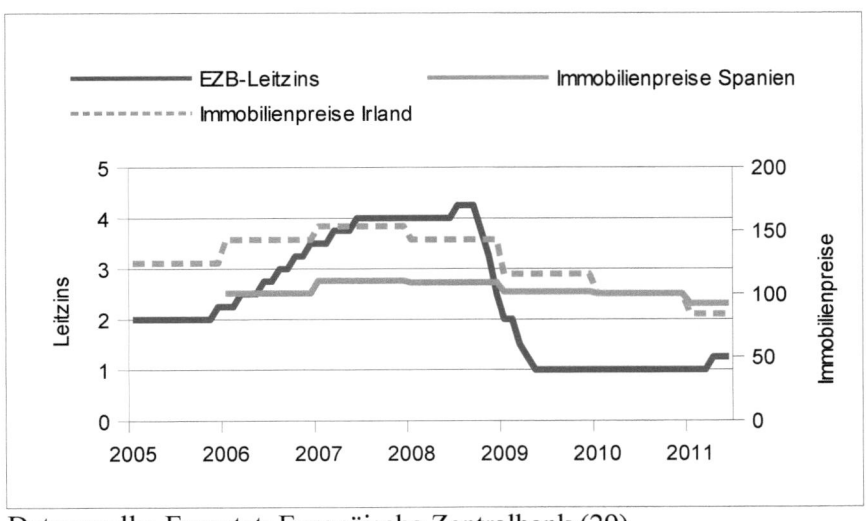

Datenquelle: Eurostat; Europäische Zentralbank (29)

Ab 2008 fielen die Immobilienpreise. Die Immobilienblasen waren geplatzt. Infolge des Rückgangs des Vermögens der Kreditnehmer wurden die Kredite der Banken notleidend, sodass die Banken in die Gefahr der Insolvenz gerieten. Der Staat war gezwungen, die Banken zu retten, wobei er sich selbst übermäßig verschuldete.

Spanien und Irland hatten vor 2008 erfreulicherweise eine geringe Staatsverschuldung. Die Staatsschuldenquote lag in Spanien bei 35% und in Irland bei 23%. Die beiden Eurostaaten hatten ihre Verschuldung nach Einführung des Euro bemerkenswert abgebaut, sodass sie über gewisse Reserven verfügten, die es ihnen ermöglichten, sich wegen der Rettung der Banken zu verschulden.

In Portugal und Griechenland war ein drohender Staatsbankrott infolge übermäßiger Staatsverschuldung die Ursache der Eurokrise. In Griechenland lag die Staatsverschuldung bereits bei Einführung des Euro bei ca. 100% und damit erheblich über dem Wert der Konvergenzkriterien (S. 83). Portugal hatte bei der Einführung des Euro eine Staatsverschuldung von ca. 50%. Beide Staaten hatten in den Jahren nach Einführung des Euro ein gutes Wirtschaftswachstum (Diagramme 21, S. 85 und 86). Die daraus resultierenden Steuereinnahmen wurden jedoch offensichtlich zur Finanzierung von Staatsausgaben (Sozialausgaben, kostspieliger Verwaltungsapparat) genutzt.

Die Entwicklung der Staatsverschuldung in Spanien, Portugal, Griechenland und Irland ist im nachstehenden Diagramm dargestellt.

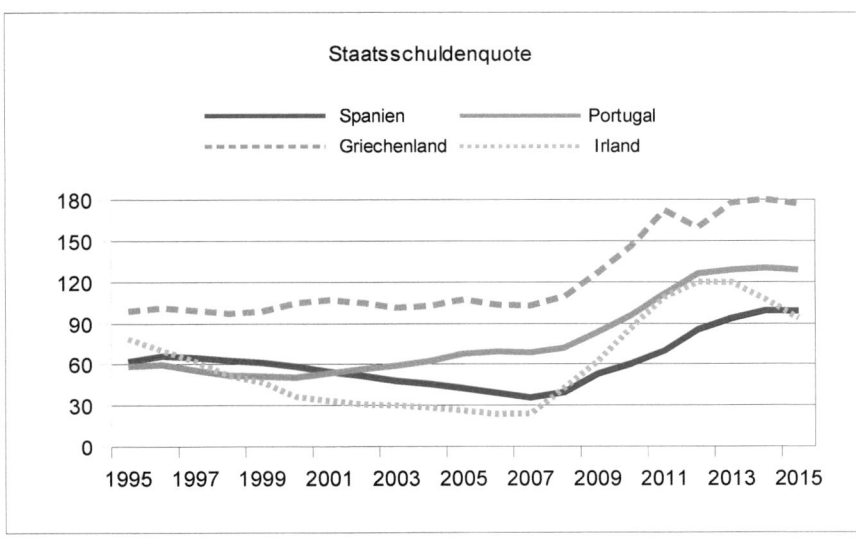

Eurostat (30)

Die Ausgangslage der Eurokrise war somit unterschiedlich. In Spanien und Irland war es die Verschuldung des Privatsektors, der in eine übermäßige Staatsverschuldung mündete. In Portugal und Griechenland war es von vornherein die Staatsverschuldung. Die Eurokrise war somit letztlich das Problem der Staatsverschuldung.

Die kritische Lage, die in den genannten Eurostaaten entstanden war, wurde offensichtlich nicht gesehen. Man war mit „Lehman Brothers" (S.101) beschäftigt. Erst als die griechische Regierung Ende 2009 bekannt gab, die Staatsverschuldung werde ein Mehrfaches des zulässigen Wertes von 3% des Bruttoinlandsprodukts betragen, wurde man sich der kritischen Lage in Griechenland bewusst. Die Ratingagenturen stuften Griechenland ab. Die Spekulanten traten auf den Plan (S. 68, 69). Der Kurs der griechischen Staatsanleihen fiel und die Zinsen für die Emission neuer Staatsanleihen, die zur Auszahlung fälliger Staatsanleihen erforderlich wurde, stiegen auf eine Höhe, die für Griechenland nicht tragbar war. Griechenland stand vor der Zahlungsunfähigkeit bzw. vor dem Staatsbankrott.

Ein Staatsbankrott hat zur Folge, dass das bestehende Finanzsystem beseitigt und durch ein neues ersetzt werden muss. Es erfordert eine neue Währung bzw. eine Währungsreform, bei der die Forderungen und Schulden umgestellt bzw. neu festgesetzt werden (S. 14). Ein Staatsbankrott Griechenlands hätte zur Folge gehabt, dass Griechenland eine neue Währung hätte einführen müssen. Es hätte den Euro aufgeben müssen.

Würde ein Eurostaat aus der Währungsunion ausscheiden, besteht die Gefahr, dass es zu weiteren Spekulationen gegen andere Eurostaaten kommt und dass auch diese die Währungsunion verlassen müssten. Es wäre das Ende der Währungsunion. Das als unumkehrbar geltende Projekt Euro war somit durch den drohenden griechischen Staatsbankrott in Gefahr. Die Krise wird daher zutreffend als Eurokrise, das heißt als Krise des Euro, bezeichnet.

Die EZB begann im September 2008, den Leitzins von 4,25% in schneller Folge zu senken.

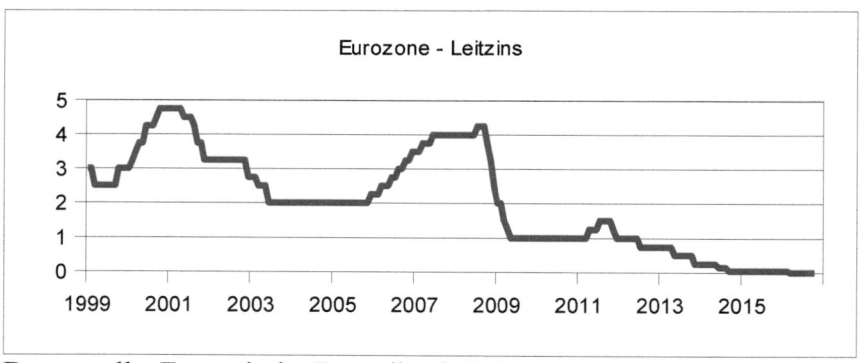

Datenquelle: Europäische Zentralbank (31)

Das Motiv der starken Absenkung des Leitzinses dürfte die Finanzkrise 2008 gewesen sein, die weltweit zu einer schweren Rezession hätte führen können. Anders als die USA (Diagramm 27, S. 102) betrieb die EZB nach 2008 zunächst keine quantitative Lockerung. Die Zentralbankgeldmenge bzw. Geldbasis ging 2013 sogar noch deutlich zurück, wie das nachstehende Diagramm zeigt.

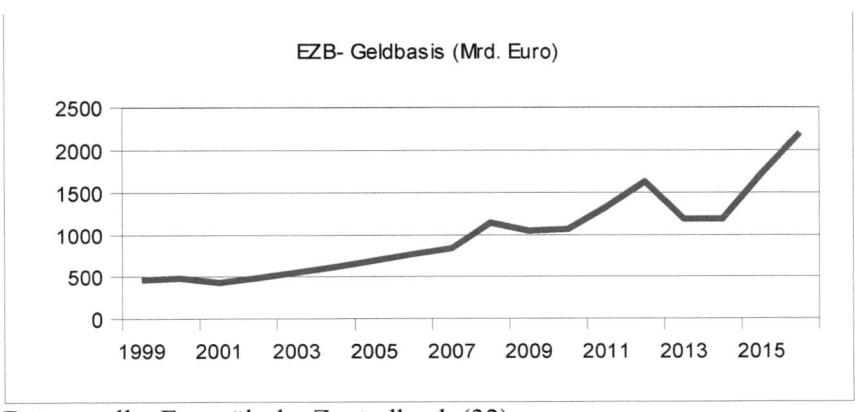

Datenquelle: Europäische Zentralbank (32)

Aus dem Verhalten der EZB muss man nur den Schluss ziehen, dass das Thema Eurokrise und die Rettung von Banken für sie zunächst Thema war, was daran gelegen haben mag, dass Spanien und Irland durch die Möglichkeit der Staatsverschuldung in der Lage waren, ihre Banken vorerst selbst vor dem Schlimmsten zu bewahren.

Um die Währungsunion zu erhalten, musste Griechenland vor der Zahlungsunfähigkeit bewahrt werden. Die EU und einige Eurostaaten, unter anderem Deutschland, gaben Kredite an Griechenland. Diese Kredite waren jedoch zu gering, um die Spekulanten abzuwehren oder, wie häufig formuliert wird, um die „Märkte" zu beruhigen. Die Spekulationen wurden fortgesetzt und richteten sich nun auch gegen andere Eurostaaten, die Probleme hatten: gegen Irland, Portugal und Spanien.

Die Spekulationen wurden erst durch die Einrichtung des European Financial Stability Facility (EFSF) im Juni 2010 eingestellt. Mit einer Kreditvergabekapazität des EFSF von 440 Mrd. € wurde die Zahlungsfähigkeit der Krisenstaaten gesichert und eine weitere Spekulationen auf ihre Zahlungsunfähigkeit war aussichtslos. Der EFSF war befristet. Als unbefristetes Instrument wurde im September 2012 der European Stability Mechanism (ESM) geschaffen, dessen Möglichkeiten später auch auf die direkte Rekapitalisierung von pleitebedrohten Banken erweitert wurden. Der ESM hat ein Stammkapital von 700 Mrd. €. Das Stammkapital ist in Höhe von 80 Mrd. € bar einzuzahlen und die übrigen 620 Mrd. € sind als Abrufkapital bei Bedarf zu zahlen, etwa zur Abdeckung von Verlusten des ESM.

ESFS und ESM vergeben Kredite an die Krisenstaaten, wobei sie die Kredite durch Emission von Anleihen finanzieren. Durch ESFS und ESM wurden folgende Kreditbeträge ausgezahlt: (Stand: 31.8.2016)[1].

EFSF
Irland   17,7 Mrd. €
Portugal   26,0 Mrd. €
Griechenland   130,9 Mrd. €
Summe: 174,6 Mrd. €

ESM:
Spanien   41,3 Mrd. €
Zypern   6,3 Mrd. €
Griechenland   28,9 Mrd. €
Summe: 76,5 Mrd. €

Deutschland ist mit 27 % - dies entspricht der Quote Deutschlands am Kapital der Eurostaaten an der EZB – am EFSF und am ESM beteiligt. Sollten die Krisenstaaten später zahlungsunfähig werden, würde Deutschland wie folgt in Anspruch genommen werden:

27% von 174,6 Mrd. € = 47,1 Mrd. €
27% von 76,5 Mrd. €   = 20,7 Mrd. €
Summe   67,8 Mrd. €

---

[1] www.bundesfinanzministerium.de Themen - Europa – Stabilisierung des Euroraumes – Europäische Finanzhilfen: – ESFS bzw. EFSM/ESM

Über die Garantien aus ESFS und ESM hinaus hat Deutschland eine Garantie für einen bilateralen Kredit an Griechenland in Höhe von 22,4 Mrd. € übernommen[1], sodass die Gesamtgarantiesumme insgesamt 90,2 Mrd. € beträgt. Die Garantiesumme kann sich bei EFSF und ESM erhöhen, sollten andere garantierende Eurostaaten ausfallen. Die Garantie Deutschlands ist beim ESFS auf 211 Mrd. € und beim ESM auf 190 Mrd. € begrenzt.

ESFS und ESM, in den der EFSF zwischenzeitlich aufgegangen ist, sind zwischenstaatliche Institutionen, die praktisch anstelle der Eurostaaten Staatsanleihen emittieren und sich verschulden. Man müsste daher gedanklich die deutsche Staatsverschuldung um den deutschen Anteil an der Verschuldung von EFSF und ESM und um den bilateralen Kredit an Griechenland erhöhen.

Die Kredite von EFSF und ESM sind mit der Auflage verbunden, dass die Krisenstaaten ihre Haushalte konsolidieren.

In Sachen Eurorettung trat auch die EZB auf den Plan. In einer Rede am 26.7.2012 erklärte ihr Präsident, die EZB werde im Rahmen ihres Mandates alles tun, um den Euro zu retten. Diese Erklärung war die Ankündigung des Outright Moneaty Transctions Programms (OMT), wonach die EZB notfalls in unbegrenztem Umfang Staatsanleihen der Krisenstaaten aufzukaufen werde. Der Ankauf wird wie bei EFSF und ESM von einer Konsolidierung der Haushalte abhängig gemacht.

Das OMT-Programm offenbart eine weitere Ungereimtheit der Währungsunion. Durch den Ankauf von Staatsanleihen der Krisenstaaten wird das allgemeine Zinsniveau (s. 48) lediglich in den Krisenstaaten gesenkt. Im Ergebnis ist es dasselbe, als würde die EZB einen separaten niedrigeren Leitzins für die Krisenstaaten festsetzen. Mit dem OMT-Programm wird daher die von der EZB zu beachtende Zins-Einheitlichkeit, die in einer Währungsunion gilt, unterlaufen. Das eigentliche Ziel

---

1 www.bundesfinanzministerium.de Themen – öffentliche Finanzen - Bundeshaushalt – Haushalts- und Vermögensrechnungen des Bundes - Vermögensrechnung 2015, S.58 Tabelle 27

des OMT-Programms war, wie aus der Rede des EZB-Präsidenten zu entnehmen ist, die Rettung des Euro. Der Euro und die EZB verdanken ihre Existenz den Eurostaaten und nur diese sind die Gewährträger der Währungsunion. Es kann nicht Aufgabe der von diesen Gewährträgern abgeleiteten Institution EZB sein, den Euro und damit sich selbst zu retten.

Der unbegrenzte Ankauf von Staatsanleihen der Krisenstaaten durch die EZB tangiert auch das Problem der verbotenen Staatsfinanzierung durch die Zentralbank (S. 13). In dieser Hinsicht haben der Europäische Gerichtshof und das Bundesverfassungsgericht[1] entschieden, dass das Volumen der Ankäufe der Staatsanleihen zu begrenzen sei, wobei eine Größenordnung der Begrenzung nicht genannt wird. Damit kann die EZB die Grenze selbst bestimmen und so hoch ansetzten, dass es einem unbegrenztem Ankauf gleichkommt. Das Argument des EuGH, der Ankauf sei deswegen begrenzt, weil der Ankauf auf die die Staatsanleihen der Krisenstaaten begrenzt sei, ist nicht stichhaltig. Das OMT-Programm ist ein Programm lediglich für die Krisenstaaten. Es geht daher um die Frage, ob der unbegrenzte Ankauf von Staatsanleihen der Krisenstaaten das Verbot der Staatsfinanzierung verletzt und ob der Ankauf von Staatsanleihen der Krisenstaaten hätte begrenzt werden müssen.

---

1 EuGH Urteil vom 16.6.2015 – C-62/14; BVerfG Urteil vom 21.6.2016 – 2 BvR 2728/13

25. Euro-Nachbesserungen

Nach der Eurokrise wurden Maßnahmen ergriffen, die verhindern sollten, dass ein Eurostaat erneut an den Rand der Zahlungsunfähigkeit gerät. Die Maßnahmen sind der Euro-Plus Pakt von 2011, der Fiskalpakt von 2012 und die Bankenunion von 2013.

Der Euro-Plus Pakt, dem auch Nicht-Eurostaaten beitreten können - daher Euro-Plus -, sieht die Harmonisierung in den Politikbereichen Arbeit, Löhne, Renten und Unternehmenssteuern auf freiwilliger Basis vor.

Der Fiskalpakt hat zum Inhalt, dass die Eurostaaten ihre Haushalte ausgleichen und eine Schuldenbremse, möglichst in der Verfassung verankert, einzuführen. Das Ziel des Haushaltsausgleichs gilt als erreicht, wenn die Verschuldung mittelfristig 0,5% des Bruttoinlandsprodukts nicht übersteigt. Überschreitet die Gesamtverschuldung den Wert von 60%, so soll sie jährlich um 20% reduziert werden. Der Verstoß gegen die Defizitregeln (jährliches Defizit von 3% des Bruttoinlandsprodukts) löst automatisch ein Sanktionsverfahren (Strafzahlungen) aus, das jedoch mit qualifizierter Mehrheit abgewendet werden kann.

Die Bankenunion soll die EU-Staaten davor bewahren, sich wegen einer erforderlichen Bankenrettung übermäßig verschulden zu müssen. Sie ist aus der Zypernkrise 2012 hervorgegangen. In Zypern waren es - wie in Spanien und Irland - die Banken, die den Staat in die Bredrouille gebracht hatten. Die zyprischen Banken hielten in großem Umfang griechische Staatsanleihen, deren Wert stark gesunken war. Ihr Vermögen deckte die Schulden nicht mehr. Der kleine zyprische Staat war nicht in der Lage, seine überdimensionierten Banken zu retten. Es kam nur eine Rettung durch den ESM in Betracht. Dabei stellte sich die Frage, ob der ESM mit der Rettung des Staates Zypern – wie bei den bisherigen Bankenrettungen - im Ergebnis die Banken und ihre Schulden unberührt lassen sollte. Die Schulden der zyprischen Banken bestanden vor allem aus Forderungen bzw. Einlagen ausländischer Gläubiger, insbesondere aus Russland. Die Frage wurde verneint. Das Ergebnis war, dass man die Gläubiger der Banken bei der Rettung der Banken heranzog. Die Gläubiger verloren ihre Einlagen und entschuldeten damit die Banken. Dieser Schuldenschnitt zu Lasten der Gläubiger der Banken (Buchgeldbesitzer, Sparer), „Bail-in" genannt, ist die Bankenrettung „von innen" im Gegensatz zum „Bail-out" (engl. aus der Patsche helfen), der eine Bankenrettung „von außen" durch den Staat ist. Bei der bisherigen Bankenrettung des „Bail-out" blieben die Forderungen der Gläubiger erhalten und es gab keine Schuldenschnitte.

Das „Bail-in" ist ein wesentliches Element der europäischen Bankenunion, die aus drei Teilen besteht. Der erste Teil ist eine gemeinsame Aufsicht über die großen systemischen Banken der Eurozone. Mit der Aufsicht wurde die EZB betraut. Der zweite Teil beinhaltet die Regeln über die pleitebedrohten Banken unter Heranziehung der Eigentümer und der Gläubiger dieser Banken und die Einrichtung eines Abwicklungsfonds mit einem Volumen von 55 Mrd. €. Er wurde durch das das Sanierungs- und Abwicklungsgesetz (SAG), das 2015 in Kraft trat, umgesetzt. Der dritte Teil ist eine Einlagensicherung für alle Banken in den Eurostaaten. Er wurde noch nicht umgesetzt.

Wir wollen uns nun mit der Frage beschäftigen, welche konkreten Auswirkungen die Euro-Nachbesserungen haben könnten.

Der Euro-Plus Pakt ist ein unrealistisches Programm. Es ist unwahrscheinlich, dass die Eurostaaten freiwillig ihre Politiken zum Zweck der Harmonisierung ändern. Man denke etwa an die niedrigen Unternehmenssteuern und die erfolgreiche Ansiedlung von Unternehmen in Irland, die wesentlich zum wirtschaftlichen Aufschwung vor der Krise („keltischer Tiger") beigetragen haben und auch den Anstieg des Bruttoinlandsprodukt nach 2013 erklären dürften (S. 86).

Der Fiskalpakt ist ebenfalls unrealistisch. Wenn die jährliche Defizitgrenze von 3% des Bruttoinlandsprodukts vielfach nicht eingehalten wird, so sind ausgeglichene Haushalte erst recht nicht zu erwarten. Auch die Sanktionsmechanismen dürften sich – wie bisher - weitgehend als wirkungslos erweisen. Der Fiskalpakt führt, wenn er denn angewendet wird, zu geringen Staatsausgaben. Es gelangt weniger Geld in die Realwirtschaft. Das Wirtschaftswachstum geht zurück. Die Steuereinnahmen, die vom Wirtschaftswachstum abhängen, sinken. Die Staatsausgaben müssen weiter gekürzt werden. An kreditfinanzierte Konjunkturprogramme, die in Verbindung mit Strukturreformen zu einem selbsttragenden Aufschwung führen könnten, ist nicht zu denken. Der Fiskalpakt wird daher nicht dazu führen, dass die Krisenstaaten das Wirtschaftswachstum anregen und dadurch ihre Einnahmen verbessern.

Es gab Überlegungen, wie man den Krisenstaaten zu Einnahmen verhelfen könne.

Zu nennen ist der Schuldenschnitt mit der Folge, dass die Krisenstaaten in die Lage versetzt werden, wieder Schulden zu machen. Schuldenschnitte hätte es gegeben, wenn die Krisenstaaten in den Staatsbankrott gegangen wären und die Währungsunion verlassen hätten (S. 208). Es hätte einen Neuanfang mit niedrigeren Staatsschulden gegeben. Die Krisenstaaten hätten durch neue Schulden und durch Abwertung ihrer neuen Währung und damit durch Förderung des Exports das Wirtschaftswachstum beleben können.

Wenn nun ein Schuldenschnitt beim Austritt aus der Währungsunion unvermeidbar ist, so könnte man daraus die Auffassung herleiten, dass ein Schuldenschnitt auch beim Verbleib in der Währungsunion in Betracht zu ziehen ist. So hat es 2012 einen Schuldenschnitt in Griechenland gegeben. Die privaten Gläubiger mussten auf einen Teil ihrer Forderungen gegen den griechischen Staat verzichten. Die Staatsverschuldung Griechenlands sank, allerdings nur vorübergehend (Diagramm 30, S. 107). Griechenland stand 2015 erneut vor der Zahlungsunfähigkeit und es wurde ein weiteres drittes Rettungsprogramm erforderlich, bei dessen Beratung über einen vorübergehenden Austritt Griechenlands aus der Währungsunion diskutiert wurde.

Eine weitere Möglichkeit, den Krisenstaaten zu Einnahmen zu verhelfen, ist die Emission gemeinsamer Anleihen (sog. Eurobonds) sowie ein Finanzausgleich nach deutschem Vorbild. Es wären Hilfen, die über die Hilfen von EFSF und ESM hinausgehen.

Eurobonds bedeuten, dass alle Eurostaaten für die Schulden aller Eurostaaten haften. Die Währungsunion wäre eine Schuldenunion. Ein Finanzausgleich würden Zahlungen an die Krisenstaaten bedeuten. Die Währungsunion wäre eine Transferunion.

Die Vergemeinschaftung von Schulden, ohne dass der Schuldübernehmer einen Einfluss auf die Entstehung der Schulden hat, geht zu weit. Sie wäre ein Verstoß gegen das allgemeingültige Verursacherprinzip. Wer Schulden macht, muss für die Schulden geradestehen. Dies ist eine Selbstverständlichkeit, die in Art. 125 des Vertrages über die Arbeitsweise der EU (sog. No-Bail-out Klausel) klarstellend zum Ausdruck kommt. Dort heißt es, dass die EU nicht für die Verbindlichkeiten eines Mitgliedsstaates und ein Mitgliedstaat nicht für die Verbindlichkeiten eines anderen Mitgliedsstaates haftet. Dies schließt selbstverständlich nicht aus, dass ein Staat einem anderen im Einzelfall freiwillig zu Hilfe kommt. Die Hilfe kann jedoch keine institutionell obligatorische Hilfe sein. Eine institutionell obligatorische Hilfe wäre nur in einem Einheitssaat möglich. Einen Einheitsstaat „Vereinigte Staaten von Europa" wird es so schnell nicht geben, wenn es ihn denn überhaupt jemals geben wird.

Der deutsche Finanzausgleich kann nicht als Grundlage für einen Finanzausgleich innerhalb der Eurostaaten dienen. Ein Finanzausgleich ist nur in einem Einheitsstaat denkbar. Es ist Sache des jeweiligen Staates, günstige Voraussetzungen für die Leistungsbereitschaft der Wirtschaft für das gesamte Staatsgebiet zu schaffen. Dazu gehören neben leistungsfördernden Strukturen, z.B. einer leistungsfördernden Steuergesetzgebung, auch Finanzausgleichsleistungen an schwächere Teile des Staatsgebietes. Die Transferleistungen nach der deutschen Wiedervereinigung gingen an das „Beitrittsgebiet" (Ex-DDR), das seine Souveränität aufgegeben und sich dem Rechtsregime der alten Bundesrepublik unterworfen hatte, sodass ein Einheitsstaat entstanden war. Ein Finanzausgleich innerhalb der Eurozone kommt mangels eines Einheitsstaats nicht in Frage.

Aus dem Vorgesagten ergibt sich: Die Krisenstaaten können keine Hilfen zur Förderung des Wirtschaftswachstums von den anderen Eurostaaten erwarten. Sie müssen aus eigener Kraft ihre Schulden reduzieren. Schulden können nur durch Arbeitsleistung (S. 20) reduziert werden und daher nur durch Steuereinnahmen, die aus Arbeitsleistungen resultieren (S. 12). Gibt es infolge geringen Wirtschaftswachstums nur wenig Arbeit, sind die Steuereinnahmen und somit die Schuldenreduzierung gering und die Schuldenreduzierung ist ein langandauernder Prozess.

Kommen wir zur Bankenunion, deren zweiter Teil das SAG ist. Das SAG sieht eine Bail-in Regelung wie folgt vor: Zunächst werden die Eigentümer der Bank bei der Sanierung oder Abwicklung der gefährdeten Bank herangezogen, danach die Gläubiger der Bank. Der Staat haftet nur, wenn die Heranziehung der Eigentümer und der Gläubiger nicht ausreicht. Den Gläubigern, also den Inhabern von Einlagen (Girokonten, Sparkonten) verbleibt ein Betrag von 100.000 €. Dieser Betrag wird durch die gesetzliche Einlagensicherung, zu der die Banken Beiträge zu zahlen haben, abgesichert. Solange die deutsche gesetzliche Einlagensicherung funktioniert, erhält der Gläubiger der Bank wenigstens 100.000 €. Die Frage ist, was passiert, wenn die gesetzliche Einlagensicherung der Banken in einer schweren Krise nicht über genügend liquide Mittel verfügt. Zahlt dann der Staat die 100.000 €?

Eine weitere Frage soll anhand eines Falles aufgeworfen werden. Nehmen wir an, ein Unternehmer hat an einem Freitagabend 1 Mio. € auf seinem Girokonto, weil er am Montag Löhne und Gehälter zahlen muss. Übers Wochenende wird seine Bank geschlossen. Der Unternehmer ist, wenn er nicht noch Geld bei einer anderen Bank hat, nicht in der Lage, seinen Verpflichtungen gegenüber seinen Mitarbeitern nachzukommen. Wird der Unternehmer überhaupt an seine 1 Mio. € herankommen? Dieser Fall ist in § 92 SAG geregelt. Danach *kann* die Abwicklungsbehörde *im Einzelfall bestimmte Verpflichtungen* (Einlagen auf Konten sind Verpflichtungen der Bank) von der Gläubigerbeteiligung ausschließen. Die Entscheidung ist eine Ermessensentscheidung. Ein Anspruch auf Ausschluss von der Gläubigerbeteiligung besteht daher nicht. Es ist somit möglich, dass der Unternehmer sein Geld verliert und dass infolgedessen auch seine Mitarbeiter und andere Gläubiger kein Geld erhalten und zahlungsunfähig werden. Es hilft dann nur noch die freiwillige Einlagensicherung der Banken. Ob diese im Fall einer schweren Krise über ausreichend liquide Mittel verfügt, ist die Frage.

Durch die Bankenunion kann somit praktisch jeder betroffen sein. Dass die Abwicklung oder Sanierung einer Bank keine bloße theoretische Frage ist, zeigt die hohe Verschuldung des deutschen Finanzsektors (Diagramm 22, S. 87). Hier ist von Bedeutung, durch welche Art von Vermögen (Kreditforderungen, Aktien, Staatsanleihen, Finanzinnovationen) die Schulden der Banken gedeckt sind. Das aus Wertpapieren bestehende Vermögen könnte zu optimistisch bewertet sein. Bankenkrisen sind insofern nicht auszuschließen. Die hin und wieder stattfindenden Bankenstresstest sollen feststellen, ob das Eigenkapital der Banken in einem simulierten Krisenfall ausreicht. Sie mögen helfen, den Glauben an die Zahlungsfähigkeit der Banken zu stärken, die Qualität ihres Vermögens können sie nicht verbessern.

Es hört sich ja gut an, wenn der Staat bzw. der Steuerzahler die Kosten der Bankenrettung nicht tragen muss. Trotzdem geht es nicht an, den Buchgeldbesitzer für die hohen Risiken, die von den Banken zur Gewinnmaximierung eingegangen werden, haften zu lassen. Der Buchgeldbesitzer, der sein Geld praktisch als Buchgeld halten muss, was er nach Abschaffung des Bargeldes nicht einmal ändern könnte, hat auf die Geschäfte der Bank keinerlei Einfluss. Den Einfluss hat der Staat, der mit der Deregulierung den Banken ermöglicht hat, Eigengeschäfte mit hohen Risiken einzugehen und insofern eine Ursache für die Gefahr von Bankenpleiten gesetzt hat. Solange er die Ursache nicht beseitigt und die Deregulierung rückgängig macht, müsste er als Verursacher haften. Das SAG widerspricht insofern dem Verursacherprinzip.

26. Die Folgen im Falle der Beendigung der Währungsunion

Eine Beendigung der Währungsunion wäre mit erheblichen Turbulenzen verbunden. Schon aus diesem Grund wird man so lange wie nur möglich am Euro festhalten. Gleichwohl kann eine Beendigung der Währungsunion nicht völlig ausgeschlossen werden. Wegen anhaltend schwachem Wirtschaftswachstums und hoher Arbeitslosigkeit könnten Eurostaaten sich veranlasst sehen, den Stabilitäts- und Wachstumspakt völlig zu ignorieren und hohe Schulden zu machen. Dies könnte dazu führen, dass durch eine Änderung des Stabilitäts- und Wachstumspakts die Defizitregeln aufgeweicht würden - was auf einen schwachen Euro hinauslaufen würde - oder dass die Eurostaaten aus der Währungsunion austreten.

Der Austritt aus der Währungsunion ist nicht vorgesehen. Die Währungsunion ist ein zentrales unumkehrbares Projekt der EU. Die Teilnahme an diesem Projekt kann daher nur durch Austritt aus der EU (Art. 50 Abs. 1 EU-Vertrag) beendet werden.

Welche Folgen hätte eine Beendigung der Währungsunion für Deutschland?

Nachteilige Folgen für Deutschland könnten sich aus den Targetsalden ergeben (S. 94). Bei einer Beendigung der Währungsunion werden die nationalen Währungen wieder eingeführt. Die nationalen Zentralbanken schöpfen Zentralbankgeld nunmehr in ihrer neuen nationalen Währung. Die Schöpfung von Euro ist nicht mehr möglich. Die EZB hat Forderungen und Schulden wegen der Targetsalden (S. 93, 94). Diese Forderungen und Schulden lauten auf Euro und müssen in den neuen Währungen abgewickelt werden.

Die Forderung der EZB gegen die spanische Zentralbank – um an den Fall Spanien anzuknüpfen (S. 92) - wird von der spanischen Zentralbank mit spanischem Zentralbankgeld bezahlt. Die spanische Zentralbank richtet der EZB ein Zentralbankkonto ein und bucht darauf spanisches Zentralbankgeld in Höhe der Forderung der EZB entsprechend dem Kurs Euro-Peseten, der entweder vereinbart wird oder der sich am Devisenmarkt bildet - solange es noch auf Euro handelbare Wertpapiere gibt, bildet sich ein Kurs des Euro gegenüber anderen Währungen. Die EZB zahlt ihre Schuld gegenüber der deutschen Zentralbank mit dem spanischen Zentralbankgeld, das von ihrem Konto auf das Konto der deutschen Zentralbank, die ebenfalls ein Konto bei der spanischen Zentralbank erhält, umgebucht wird. Die deutsche Zentralbank erhält damit spanische Devisen.

Die entscheidende Frage ist, welchen Wert die spanischen Zentralbankgeld-Devisen für die deutsche Zentralbank haben. Wertet die Pesete gegenüber der neuen Deutschen Mark ab, schlägt sich das in der Bilanz der deutschen Zentralbank, die nun in DM-Beträgen aufgestellt wird, mit geringeren DM-Vermögenswerten nieder. Dies führt zu Verlusten für die deutsche Zentralbank, wenn diese nicht anderweitig – z.B. durch Zinsforderungen – ausgeglichen werden. Der Bundeshaushalt erhält eine geringere oder überhaupt keine Gewinnabführung.

Der Verlust der deutschen Zentralbank ist nicht identisch mit der Höhe der Targetsalden. Er ist abhängig vom Wert der Devisen. Wie hoch der Verlust sein wird, lässt sich im Vorhinein nicht sagen, da niemand die Entwicklung der Wechselkurse vorhersagen kann.

Der Staat erhält eine Gewinnabführung nur dann, wenn die Zentralbank einen Gewinn gemacht hat. Ob die Zentralbank einen Gewinn macht, ist unter anderem von ihren geldpolitischen Entscheidungen abhängig. Bei Devisenmarktinterventionen (S. 81) kann es ohne weiteres passieren, dass die von ihr gekauften Devisen abwerten und sie Verluste hat. Die Aufgabe der Zentralbank ist – im Unterschied zu den Banken – nicht die Gewinnerzielung für den Staat, sondern die Beeinflussung des Zinses und die Sicherung des Geldwertes. Der Staat kann sich somit nicht darauf verlassen, dass die Zentralbank einen Gewinn macht und dass er eine Gewinnabführung erhält. Das Argument, die Targetsalden seien eine Belastung für den deutschen Staatshaushalt und den deutschen Steuerzahler, ist somit relativ.

Etwaige Verluste der deutschen Zentralbank aus den Targetsalden könnten allerdings das Ansehen der deutschen Zentralbank und den Glauben an die Kaufkraft des Geldes beeinträchtigen (S. 18). Eine geringe Kaufkraft des Geldes bzw. des Geldwertes bedeutet eine schwache Währung. Die neue Deutsche Mark könnte daher wegen der Verluste aus den Targetsalden abwerten. Dieses Ergebnis wäre dann die Folge der Teilnahme an dem Experiment gemeinsame Währung – die Währung ist das Spiegelbild der Leistungsfähigkeit der Wirtschaft (S. 79) -, deren Wirtschaftsraum gewisse Schwächen hat. Insofern würden sich Effekte der Angleichung ergeben.

Nachteilige Folgen für Deutschland könnten sich ferner aus den Garantien ergeben, die Deutschland im Rahmen der Rettung des Euro übernommenen hat, wenn aufgrund der Garantien Zahlungen zu leisten sind. Die von EFSF und ESM emittierten von den Eurostaaten garantierten Anleihen lauten auf Euro. Sie können bei Fälligkeit nur in einer der neuen Währungen, die der Besitzer der Anleihe wählt, ausgezahlt werden. EFSF und ESM müssen sich die vom Besitzer der Anleihe gewählte Währung besorgen und eine neue Anleihe in der gewählten Währung emittieren. Ob die spätere Rückzahlung der Kredite durch die Krisenstaaten die von EFSF und ESM durch die Emission eingegangen Verschuldung deckt, wenn die Währung, in der sich EFSF und ESM verschuldet haben, aufwerten sollte, ist unsicher. Sollten Verluste bei EFSF und ESM entstehen, müssten die garantierenden Staaten zahlen.

Die Rückkehr zur Deutschen Mark wäre keine Währungsreform. Es würde ein Umtauschkurs festgelegt und die Konten und Preise würden entsprechend umgestellt. Das Geld würde umgetauscht. Dabei müsste der Umtausch auf die deutschen Staatsangehörigen und Unternehmen beschränkt werden. Bei einer uneingeschränkten Umtauschmöglichkeit für alle Besitzer von Euro bestünde die Gefahr, das die Geldmenge an Deutscher Mark in der deutschen Realwirtschaft sich derart erhöht, dass sie inflatorisch wirkt (S. 12, 42). Ansonsten würde die Umstellung nur die Geldwertbezeichnungen (S. 12) verändern, jedoch nicht die Kaufkraft. Diese ist von der Leistungsfähigkeit der Wirtschaft abhängig (S. 80) und diese dürfte sich durch das Ende der Währungsunion allenfalls vorübergehend ändern.

Der Euro hat, das kann nicht bestritten werden, große Vorteile. Die Unternehmen in der Eurozone haben durch die Einheitswährung eine sichere Kalkulationsgrundlage. Sie sind keinem Währungsrisiko ausgesetzt. Auch ist der Euro eine Währung, die parallel zum Dollar die Funktion einer Leitwährung einnimmt. Bei allen Vorteilen darf aber nicht übersehen werden, dass der Euro große Schwächen hat. Er ist eine Währung souveräner Staaten mit eigener Haushaltspolitik, einer eigenen Steuer-, Arbeitsmarkt- und Wirtschaftspolitik und somit eine Währung von Staaten mit unterschiedlichen Strukturen und unterschiedlicher Leitungsfähigkeit ihrer Wirtschaft. Der Euro ist eine Währung ohne einen für die Währung verantwortlichen Staat. Eine Währung ohne Staat ist nicht ohne Probleme.

27. Zum Vergleich: Die japanische Krise 1990

Seit den 1980er Jahren verzeichnete Japan dank einer starken Exportindustrie (Autoindustrie) einen großen Aufschwung, der sich in einer hohen Verschuldung des Privatsektors widerspiegelt. Der Aufschwung endete mit der Krise 1990.

Die Verschuldung der Unternehmen erreichte 1990 den Höhepunkt. Die Verschuldung der Privathaushalte ging nach 1990 nicht zurück. Auch die Verschuldung des Finanzsektors stieg weiter an. Die Entwicklung der Verschuldung des japanischen Privatsektors ist im nachstehenden Diagramm dargestellt.

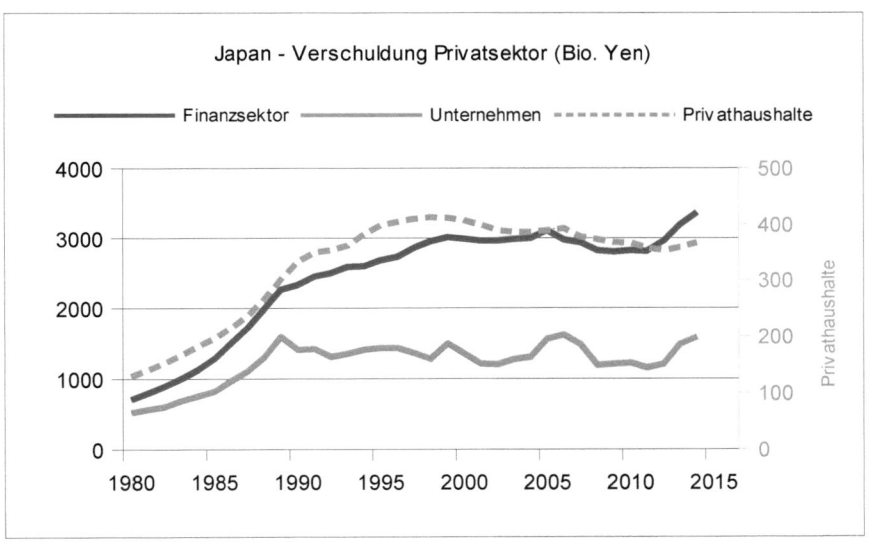

Datenquelle: Cabinet Office Japan (33)

Ausgangspunkt der japanischen Krise 1990 ist das Plaza-Abkommen von 1985, in dessen Folge der Yen abwertete, sodass sich die japanischen Güter für ausländische Käufer verteuerten. Um das durch die sinkenden Exporte schwächere Wirtschaftswachstum anzuregen, senkte die japanische Zentralbank ab Januar 1986 innerhalb eines Jahres den Leitzins von 5% auf 2,5%. Die niedrigen Zinsen führten zu einer steigenden Kreditaufnahme bzw. Verschuldung und zu einem übermäßigen Anstieg der Immobilienpreise (Diagramm 15, S. 54). Um den Anstieg abzuschwächen, erhöhte die japanische Zentralbank den Leitzins ab Mai 1989 in kurzer Folge bis auf 6%. Der Leitzins erreichte im August 1990 den Höhepunkt. Kurze Zeit später erreichten auch die Immobilienpreise den Höchststand. Auch hier zeigt sich – so wie in den Fällen USA (Diagramm 25, S. 99), Spanien und Irland (Diagramm 29, S. 105) - der Zusammenhang zwischen der Entwicklung des Leitzinses und der Immobilienpreise.

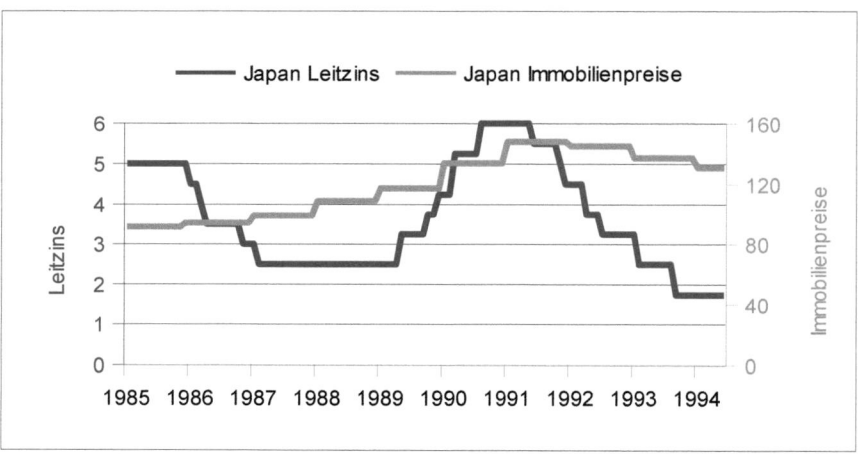

Datenquelle: Bank of Japan; Statistics Bureau Japan (34)

Nach 1991 fielen die Immobilienpreise. Die Immobilienblase war geplatzt. Anders als die amerikanische Zentralbank, die 2008 den Leitzins abrupt auf null festsetzte (Diagramm 26, S. 102), hob die japanische Zentralbank 1990 den Leitzins sogar noch an, bevor sie ihn ab Juni 1991 in Schritten zu senken begann. Erst 1995, also 5 Jahre nach dem Platzen der Blase, setzte sie den Leitzins auf 0,5% fest, wie das nachstehende Diagramm zeigt.

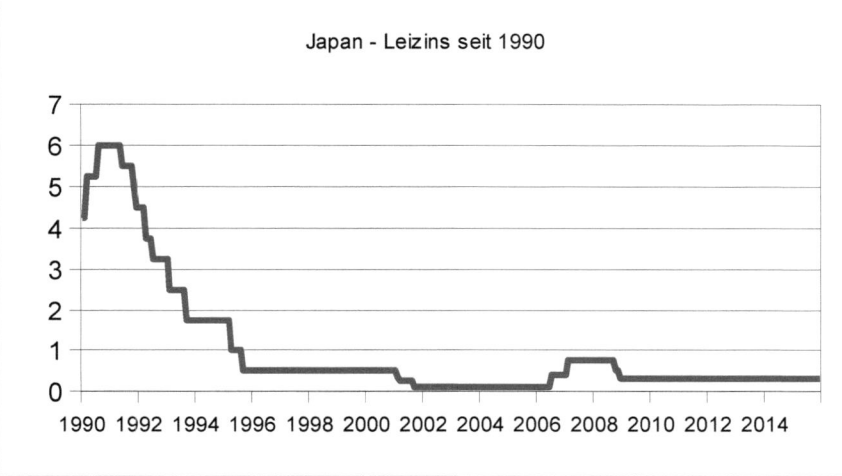

Datenquelle: Bank of Japan (35)

Um eine Rezession infolge der geplatzten Blase abzuwenden, legte die japanischen Regierung Konjunkturprogramme auf. Die drohende Rezession war denn wohl auch der Grund für die japanische Zentralbank, den Leitzins 1995 auf 0,5% zu senken. Da dies nicht die erhoffte Wirkung hatte, setzte die japanische Zentralbank ab 2001 bis 2006 den Leitzins auf 0,1% fest und praktizierte von 2001 bis 2006 - als erste Zentralbank überhaupt - die quantitative Lockerung (S. 73). Sie kaufte Staatsanleihen des Zentralstaates.

Die Zentralbankgeldmenge bzw. Geldbasis und der Bestand an Staatsanleihen bei der japanischen Zentralbank erhöhte sich nach 2001 wie folgt:

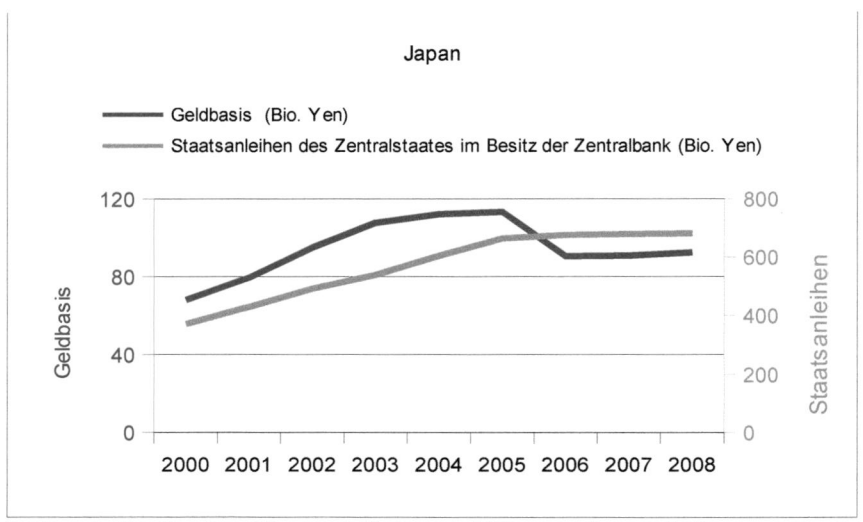

Datenquelle: Bank of Japan; Ministry of Finance Japan (36)

Vor allem die kreditfinanzierten Konjunkturprogramme der Regierung erhöhten die Staatsverschuldung seit Mitte der 1990er Jahre. Die japanische Staatsschuldenquote lag Ende 2014 bei 250%.

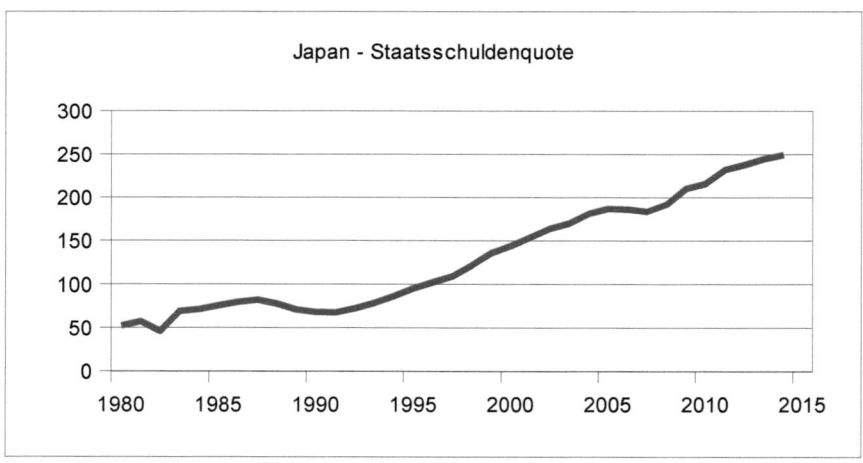

Datenquelle: Cabinet Office Japan (37)

28. Das ungelöste Problem der übermäßigen Verschuldung

Bei der Bankenrettung haben sich die Staaten erheblich verschuldet. Die Schulden der Banken wurden durch neue Schulden des Staates, der neu emittierte Aktien der Banken auf Kredit kaufte, erhalten. Die Verschuldung sowohl des privaten als auch des öffentlichen Sektors stößt inzwischen an ihre Grenzen.

Bei übermäßiger Verschuldung ist, da eine weitere Verschuldung kaum mehr möglich, das Finanzsystem als Aufwärtsspiral-System geschwächt. Das realwirtschaftliche Wirtschaftswachstum – das Wirtschaftswachstum beruht zu einem großen Teil auf Verschuldung – ist gehemmt. Auch der übermäßig verschuldete Staat ist nicht mehr in der Lage, durch größere kreditfinanzierte Konjunkturprogramme die notwendigen Impulse für das Wirtschaftswachstum zu geben.

Hinsichtlich der Staatsverschuldung wird die Auffassung vertreten, die Grenze liege bei 90% des Bruttoinlandsprodukts. In einigen Staaten überschreitet die Staatsverschuldung diesen Wert erheblich, unter anderem in den USA, in Japan und Italien. Bei diesen Staaten gibt es aber Besonderheiten. Die USA haben die Leitwährung Dollar. Alle anderen Staaten benötigen den Dollar zu Abwicklung des internationalen Handels. Sie streben Devisen bzw. Dollarüberschüsse an, die sie in Wertpapiere bzw. amerikanische Staatsanleihen investieren, sodass die USA infolge hoher Nachfrage nach ihrer Währung (S. 82) sich ohne Probleme verschulden können. In Japan und Italien besteht die Besonderheit, dass diese Staaten bei ihren eigenen Staatsangehörigen – diese besitzen die Staatsanleihen – verschuldet sind. Diese Staaten könnten durch Steuern, etwa durch eine Vermögenssteuer auf Wertpapiere, Einnahmen erzielen und ihre hohe Verschuldung reduzieren.

Ein Staat ist gut beraten, durch eine solide Haushaltspolitik die Staatsverschuldung in Grenzen zu halten, um für Krisen gut gerüstet zu sein und problemlos Schulden machen zu können. Die EU-Defizitgrenze von 60% des Bruttoinlandsprodukts hat unter diesem Gesichtspunkt ihre Berechtigung.

Was die Verschuldung des Privatsektors betrifft, so gibt es auch hier Grenzen. So soll die Eigenkapitalquote bei Unternehmen 30% betragen, wobei dieser Wert häufig nicht erreicht wird. Die Banken, die mit ihren Eigengeschäften zu normalen Unternehmen geworden sind, müssten ein entsprechend hohes Eigenkapital haben.

Bei übermäßiger Verschuldung müssen die Schulden reduziert werden, bevor wieder neue gemacht werden können. Die Schuldendreduzierung (in der Fachsprache deleveraging, S. 68) setzt voraus, dass der Schuldner eine Arbeitsleistung an den Besitzer von Eigenkapital verkauft und mit dem Verkaufserlös seine Schuld tilgt (S. 20). Es muss somit viele Eigenkapitalbesitzer geben, die zur Geldausgabe bereit sind. Wenn das Wirtschaftswachstum schwach ist und eine Rezession mit dem Verlust des Arbeitsplatzes droht, fehlt die Bereitschaft zur Geldausgabe, die Geldumlaufgeschwindigkeit (S. 33) sinkt und das zu einem Zeitpunkt, wo eine hohe Geldumlaufgeschwindigkeit als die einzige Möglichkeit des Wirtschaftswachstums dringend notwendig ist. Die Folge ist, dass die rezessiven Tendenzen sich verstärken. Der Prozess der Schuldenreduzierung durch Schuldentilgung ist ein langfristiger Prozess mit niedrigem Wirtschaftswachstum (S. 117).

Der Anstieg bzw. der Rückgang der Verschuldung des Privatsektors in den Jahren unmittelbar vor und nach der Krise stellt sich wie folgt dar:

	USA 1999-2008	Deutschland 1999-2008	Japan 1981-1990
Unternehmen	77%	30%	147%
Privathaushalte	111%	4%	136%
Finanzsektor	131%	73%	192%
	2008-2014	2008-2014	1981-1990
Unternehmen	11%	4%	1%
Privathaushalte	-1%	4%	21%
Finanzsektor	-15%	-7%	12%

In den USA und Japan war die Verschuldung vor der Krise ausgesprochen hoch. Von einem hohen Niveau der Verschuldung wieder herunterzukommen ist nicht einfach. In Japan hat es keine Schuldenreduzierung gegeben, sondern nur eine Reduzierung des Anstiegs der Verschuldung. Eine Schuldenreduzierung hat es demgegenüber in den USA gegeben. Sie betrug bei den Privathaushalten -1% und ist mit den Schuldenschnitten bei den Wohnhypotheken zu erklären. Die zahlungsunfähig gewordenen Wohnhypothekenschuldner (S. 98) gaben ihre Grundstücke an die Hypothekengläubiger zurück und wurden damit von ihrer Pflicht zur Rückzahlung ihres Hypothekenkredits bzw. von ihren Schulden befreit – eine Besonderheit im amerikanischen Recht. Hätte es diese Besonderheit des Schuldenschnitts nicht gegeben, wären die Schulden der Privathaushalte gestiegen, da die Konsumkredite nach 2008 deutlich gestiegen sind (Diagramm 3, S. 35). Die Schuldenreduzierung im amerikanischen Finanzsektor ist mit Schuldenschnitten (Lehman Brothers) zu erklären.

Allgemein ist festzustellen, dass die Verschuldung in den 6 Jahren nach der Krise relativ gering ist und kaum ausreichen wird, ein angemessenes Wirtschaftswachstum durch Verschuldung zu erreichen. Was Deutschland betrifft, so war die Verschuldung der Unternehmen und Privathaushalte vor der Krise recht moderat, sodass es auf eine Schuldenreduzierung nicht ankommt.

Was die Euro-Krisenstaaten betrifft, so ist die Verschuldung des Privatsektors im allgemeinen zurückgegangen (Diagramme 21, S. 85, 86), was man als natürliche Reaktion auf die vorangegangene übermäßige Verschuldung sehen kann.

Für die späteren Jahre nach der Krise ist für die USA und Japan eine allgemeine Reduzierung der Verschuldung nicht erkennbar. In den USA ist die Verschuldung der Unternehmen und der Privathaushalte ab 2011 gestiegen (Diagramm 1, S. 28 und Diagramm 3 S. 35). In Deutschland ist die Verschuldung der Unternehmen und Privathaushalte zusammengenommen moderat gestiegen - die Verschuldung nur der Privathaushalte ist gleichbleibend (Diagramm 4, S. 35) -, die Verschuldung des Finanzsektors weist keine klare Richtung auf (Diagramm 22, S. 87). In Japan ist eine langfristige Reduzierung der Verschuldung nur bei den Privathaushalten erkennbar (Diagramm 33, S. 123).

In dieser Situation der nach wie vor zu hohen Verschuldung versuchen die Zentralbanken, die Unternehmen und Privathaushalte zur Kreditaufnahme zu veranlassen, indem sie den Leitzins auf null senken und das Zinsniveau durch quantitative Lockerung niedrig halten. Jedoch: Wirtschaftswachstum durch niedrige Zinsen anzuregen funktioniert nur in Zeiten, in denen die Verschuldung moderat und eine weitere Verschuldung möglich ist. Auch wird kein Unternehmen Kredite für Investitionen aufnehmen, um Produkte zu herzustellen, für die es infolge gesättigter Märkte eine zu geringe Nachfrage gibt.

29. Inflation durch die Zentralbank?

Eine Inflation entsteht, wenn zusätzliches Geld, das nicht auf einer Arbeitsleistung beruht, in die Realwirtschaft gelangt. Dies geschieht, wenn der Staat Banknoten mit der Notenpresse herstellt und damit seine Ausgaben in der Realwirtschaft bezahlt (S. 12 und 42) oder wenn die Zentralbank Staatsanleihen kauft und dadurch den Staat finanziert (S. 13). Eine Inflation kann somit entstehen, wenn die Zentralbank im Rahmen einer quantitativen Lockerung Staatsanleihen kauft (S. 73).

Die Frage ist, ob eine Inflation entsteht, wenn die Zentralbank Aktien kauft. Da Aktien keine Zinspapiere sind, wird der Zins nicht beeinflusst und insofern ist der Kauf von Aktien durch die Zentralbank kein Instrument der Geldpolitik. Wenn durch den Kauf die Aktienkurse steigen, erhalten die Besitzer von Aktien einen Vermögenszuwachs ohne Arbeitsleistung und im Falle des Verkaufs Geld ohne Arbeitsleistung, das jedoch allenfalls eine relativ geringe Auswirkung auf die Konsumgüterpreise bzw. auf die Inflation hat (S. 50).

Die Zentralbanken streben im allgemeinen eine Inflationsrate von 2% an, da dies der normalen Aufwärtsspirale entspricht. Ihr Ziel ist, eine systemwidrige Deflation (S. 46) zu vermeiden. Eine punktgenaue Landung auf 2% Inflationsrate ist aber sehr unwahrscheinlich. Es muss daher angenommen werden, dass die Zentralbanken auch eine höhere Inflation in Kauf nehmen. Die Inflation kann das Wirtschaftswachstum anregen. Es entsteht bei den Unternehmen und Privathaushalten der Eindruck, es gehe wieder aufwärts (S. 43 ff.). Die Erwartung einer Inflation kann zudem bewirken, dass Anschaffungen vorgezogen werden, um einer drohenden Preiserhöhung zuvorzukommen.

Eine Inflation kann bei einer übermäßigen Verschuldung das Wirtschaftswachstum anregen, weil durch eine Inflation die Schulden real reduziert werden und die Unternehmen und Privathaushalte wieder neue Schulden machen können. Durch die Inflation verlieren das Geld und die Geldforderungen real an Wert und damit werden auch die Schulden, da sie den Forderungen entsprechen, entwertet bzw. reduziert. Eine höhere Inflation kann den normalen langen Zeitraum der Schuldenreduzierung (S. 128) erheblich verkürzen, sodass schneller neue Schulden gemacht werden können und ein höheres Wirtschaftswachstum entsteht. Im Falle einer Inflation steigt auch die Bereitschaft zur Verschuldung, da die Schulden im Verlaufe der Zeit geringer werden.

Die Zentralbanken der USA und Japans sowie die EZB versuchen seit den Krisen, mit einem Leitzins von null und mit quantitativer Lockerung das Wirtschaftswachstum anzuregen (USA: Diagramme 26 und 27, S. 102; Japan: Diagramme 35 und 36, S. 125 und 126; Eurozone: Diagramme 31 und 32, S. 108 und 109).

Ab 2013 ging die japanische Zentralbank zu einer exzessiven quantitativen Lockerung über, wie aus dem steilen Anstieg der Zentralbankgeldmenge bzw. der Geldbasis, dargestellt im nachstehenden Diagramm, zu ersehen ist.

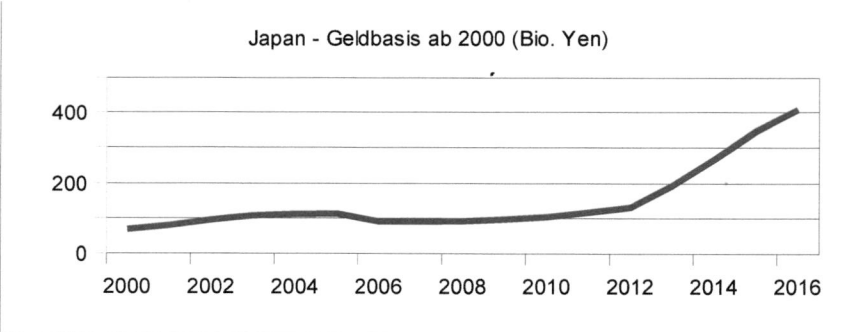

Datenquelle: Bank of Japan (38)

Eine nennenswerte Inflation hat es in den USA, Deutschland und Japan trotz der quantitativen Lockerung bis 2016 nicht gegeben (Diagramme 8 bis 10, S. 45). Möglicherweise haben die Zentralbanken mit der quantitativen Lockerung nicht in besonders hohem Maße die Staatsausgaben finanziert, sodass nicht in besonders hohem Umfang Geld in die Realwirtschaft geflossen ist. Wir wollen uns daher einmal ansehen, in welchem Umfang die Zentralbanken die Staatsausgaben finanziert haben.

Kauft die Zentralbank in einem Jahr Staatsanleihen im Umfang der nicht gedeckten Staatsausgaben, d.h. in Höhe der Netto-Neuverschuldung des Staates, dann hat sie in dem betreffenden Jahr die ungedeckten Staatsausgaben zu 100% finanziert. Um die Frage zu beantworten, zu welchem Anteil die Zentralbank die jährliche Netto-Neuverschuldung des Staates finanziert hat, ermitteln wir den jährlichen Netto-Zuwachs an Staatsanleihen im Besitz der Zentralbank – d.h. die Veränderung des Bestandes der Staatsanleihen im Besitz der Zentralbank gegenüber dem Vorjahr - und setzen ihn ins prozentuale Verhältnis zur jährlichen Netto-Neuverschuldung des Staates – d.h. zur Veränderung der Staatsverschuldung gegenüber dem Vorjahr. Für die USA und Japan ergeben sich die prozentualen Anteile aus den nachstehenden Diagrammen.

USA:

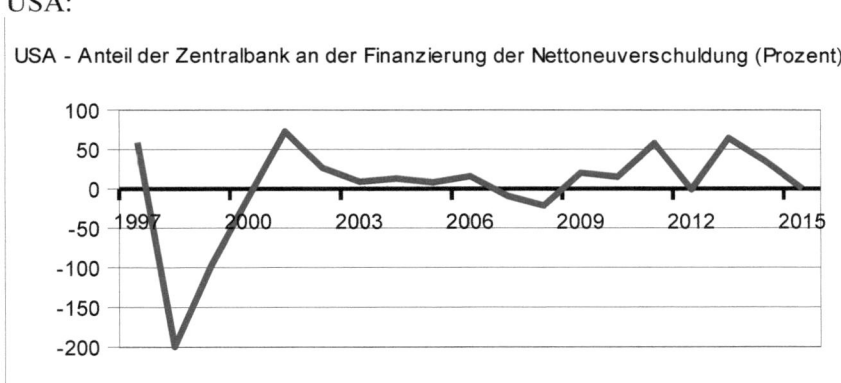

Datenquelle: Federal Rersere (39)

Nur in einigen Jahren lag der Anteil der Finanzierung der staatlichen Nettoneuverschuldung, d.h. der Union, die die Staatsanleihen emittiert, über 50%. Die US-Staatsschulden bzw. Staatsausgaben wurden überwiegend durch Privatanleger finanziert, unter anderem durch ausländischer Privatanleger (S. 82 und 127). In 2014 stellte die amerikanische Zentralbank den Ankauf von Staatsanleihen bzw. die quantitative Lockerung ein (Diagramm 27, S.102)

Japan:

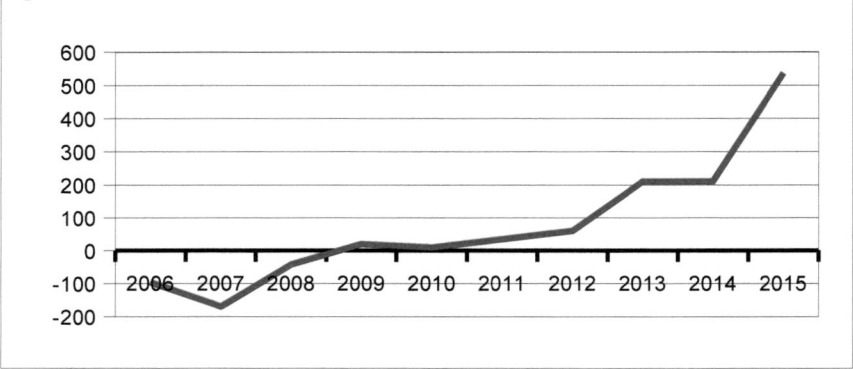

Datenquelle: Bank of Japan; Ministry of Finance Japan (40)

In Japan wurde die staatliche Netto-Neuverschuldung, d.h. des Zentralstaates, der die Staatsanleihen emittiert, ab 2013 nicht nur in vollem Umfang durch die Zentralbank finanziert, die japanische Zentralbank kaufte vielmehr Staatsanleihen weit über die jährliche Nettoneuverschuldung hinaus. Es handelt es sich um Staatsanleihen, mit denen in der Vergangenheit Staatsausgaben finanziert worden waren und die keinen Bezug zu den aktuellen Staatsausgaben haben. Das für den Kauf der Staatsanleihen über die aktuelle Nettoneuverschuldung hinausgehende geschöpfte Zentralbankgeld wirkt sich auf die Realwirtschaft nicht aus, sondern steht den Banken für Eigengeschäfte zur Verfügung.

Sollte die japanische Zentralbank die Netto-Neuverschuldung des Staates für viele Jahre weiterhin finanzieren, ist eine deutliche Inflation wahrscheinlich. Eine Inflation schwächt den Yen gegenüber anderen Währungen. Ein schwacher Yen scheint politisch gewollt zu sein, um Wirtschaftswachstum durch Exporte zu erzielen (S. 81).

Eurozone:
Die EZB hat bis 2015 keine quantitative Lockerung betrieben. Das OMT-Programm von 2012 (S. 111) wurde nicht umgesetzt. Erst Anfang 2015 begann die EZB mit einer großvolumigen quantitativen Lockerung, die sich in einem steilen Anstieg ihrer Geldbasis widerspiegelt

(Diagramm 32, S. 109). Im März 2015 hat sie ein Programm zum Ankauf von Anleihen öffentlicher Institutionen (Public Securities Purchase Program – PSPP) aufgelegt. Im Rahmen dieses Programms kauft sie – d.h. die nationalen Zentralbanken kaufen (S. 91) - für die Dauer von mehr als 2 Jahren monatlich für 60 Mrd. € öffentliche Anleihen an.

Der Bestand an Anleihen bei der EZB beträgt (Stand 31. 8. 2016)[1]:
insgesamt: 944 Mrd. €
davon entfallen auf:
Irland 14 Mrd. €
Portugal 20 Mrd. €
Spanien 117 Mrd. €
Deutschland 237 Mrd. €
Internationale Institutionen (EFSF, ESM) 114 Mrd. €

Die Nettoneuverschuldung von April 2015 bis März 2016[2] beträgt in:
Irland: 2 Mrd. €
Portugal 7 Mrd. €
Spanien: 38 Mrd. €
Deutschland: 15 Mrd. €

Wie in Japan (S. 134) übersteigt der Ankauf der Staatsanleihen die Netto-Neuverschuldung, was keine Inflation bewirkt. Da die Netto-Neuverschuldung relativ gering ist, gelangt nur eine geringe Geldmenge in die Realwirtschaft.

Was die großen Euro-Staaten Frankreich und Italien anbetrifft, so beträgt der Bestand an Staatsanleihen 188 Mrd. € (Frankreich) bzw. 164

---

[1] www.ecb.europa.eu - Monetary Policy – Instruments – Asset purchase programmes

[2] Drittes Quartal 2015; www.ec.europa.eu/eurostat – Data – Database – Tables by themes - Economy and finance – Government statistics – government finance statistics - Government deficit and debt – Quaterly government finance finance statistics – General government gross debt, quaterly data – tables, maps and graphs interface – Unit: Million euro

Mrd. € (Italien). Die Nettoneuverschuldung von April 2015 bis März 2016 in diesen Staaten beträgt in Frankreich 29 Mrd. € und in Italien 24 Mrd. €. Auch hier wurde die Netto-Neuverschuldung durch die EZB finanziert, was wegen der relativen geringen Netto-Neuverschuldung keine inflatorische Wirkung hat.

Da die EZB - anders als beim OMT-Programm - die Staatsanleihen aller Eurostaaten kauft, strebt sie eine gleichmäßige Inflationsrate für die gesamte Eurozone an, um Verwerfungen durch eine höhere Inflation in einzelnen Staaten zu vermeiden (S. 89).

Die von der EZB erworbenen Staatsanleihen haben eine Restlaufzeit von durchschnittlich 8 Jahren. Dies kann als Anzeichen dafür gewertet werden, dass die EZB eine kurzfristig zu bekämpfende Inflation nicht erwartet. Es könnte aber auch ein Anzeichen dafür sein, dass sie gegen eine Inflation für eine längere Zeit nichts unternehmen werde. Sie müsste eigentlich, wenn während der Restlaufzeit eine Inflation droht, ihre Staatsanleihen verkaufen, um durch Erhöhung des Angebots und Reduzierung der Kurse das allgemeine Zinsniveau zu erhöhen, was für sie zu Verlusten führen könnte. Es ist nicht anzunehmen, dass die EZB Verluste in Kauf nimmt und dadurch an Ansehen verliert, sodass anzunehmen ist, dass sie trotz einer Inflation die Staatsanleihen bis zur Fälligkeit hält.

Die EZB würde mit der quantitativen Lockerung nur dann eine Inflation bewirken, wenn die Netto-Neuverschuldung der Eurostaaten erheblich steigen und die EZB diese voll finanzieren würde. Dies ist nicht zu erwarten, wenn – wofür es keine Gewähr gibt - die Euro-Staaten die Defizitregeln einhalten. Die EZB bewirkt aber eine Assetinflation bzw. Aktien- und Immobilienblase, die irgendwann platzt. Sie könnte das Platzen dadurch hinauszögern, dass sie dafür sorgt, dass die Nachfrage nach Aktien nicht stagniert und dass die Aktienkurse nicht sinken. Sie müsste zu diesem Zweck die quantitative Lockerung und die Nullzinspolitik auf unbestimmte Zeit fortsetzen oder – falls das Ankaufvolumen an Anleihen erschöpft ist – selbst Aktien der Unternehmen und Privathaushalte kaufen.

30. Negativer Zins, Helikoptergeld, Abschaffung des Bargeldes

Die EZB erhebt negative Zinsen auf die Überschussreserve, die eine Bank bei ihr hat. Normalerweise erhält eine Bank einen (positiven) Zins auf ihre Einlagen bei der EZB. Dieser Zins ist einer der Leitzinsen (sog. Einlagefazilität). Mit dem negativen Zins sollen die Banken veranlasst werden, das Zentralbankgeld für Kredite an die Unternehmen und Privathaushalte zu nutzen und es nicht bei der Zentralbank anzulegen. Wenn jedoch die Unternehmen und Privathaushalte hoch verschuldet sind, werden sie keine Kredite aufnehmen, auch wenn die Zinsen noch so günstig sind.

Das Vorgehen der EZB ist in sich widersprüchlich. Einerseits stellt die EZB den Banken durch Kredite zu null Zinsen und durch die quantitative Lockerung eine hohe Menge an Zentralbankgeld zur Verfügung. Andererseits nimmt sie ihnen einen Teil dieses Zentralbankgeldes, das ja auf irgendwelchen Zentralbankkonten der Banken als Überschussreserve bleiben muss, durch die negativen Zinsen wieder weg. Negative Zinsen widersprechen auch dem Finanzsystem als Aufwärtsspiral-System, dessen wesentlicher Bestandteil der (positive) Zins ist. Der Druck der EZB auf die Banken kann nur den Sinn haben, dass die Banken den negativen Zins an die Buchgeldbesitzer weitergeben, damit diese ihr Geld, bevor es – wie bei einer Inflation - weniger wird, ausgeben.

Man wird an frühere Zeiten erinnert, als die Goldmünzen bei Goldschmieden gegen eine Gebühr (negativer Zins) in Verwahrung gegeben wurden (S. 3 ff.). Auch das mittelalterliche Geldsystemen der Brakteaten und das Schwundgeldsystem der Gemeinde Wörgl (S. 38) hatten zum Ziel, durch die Drohung mit dem Entzug von Geld die Geldbesitzer zu veranlassen, ihr Geld auszugeben, um das Wirtschaftswachstum anzuregen.

Die negativen Zinsen kann man vermeiden, wenn man sich sein Geld in Banknoten auszahlen lässt und es zu Hause aufbewahrt, was mit einem erheblichen Risiko verbunden ist. Aus Sicherheitsgründen dürften daher die meisten eine Aufbewahrungsgebühr in Form negativer Zinsen akzeptieren. Ob negative Zinsen zu höherer Geldausgabe führen, ist nicht gesagt. Sie könnten auch bewirken, dass wegen des Geldentzugs Käufe nur getätigt werden, wenn die Preise sinken. Das Gegenteil dessen, was die EZB mit den negativen Zinsen erreichen will, würde eintreten.

Es ist nicht ausgeschlossen, dass die EZB zum Helikoptergeld (S. 39) greift. Das Helikoptergeld ist ein Geschenk an Unternehmen und Privathaushalte. Die Zentralbank bucht auf den Zentralbankkonten der Banken einen Betrag mit der Anweisung, an alle Unternehmen und Privathaushalte einen Geldbetrag auf deren Girokonten zu buchen. Es gelangt Geld ohne Arbeitsleistung in die Realwirtschaft. Dieses Geld hat keinen Wert (S. 12 ff.). Die Zentralbank erhält beim Helikoptergeld das geschöpfte Zentralbankgeld nicht zurück. Es entstehen Verluste, die sich nachteilig auf das Ansehen der Zentralbank und auch auf den Geldwert auswirken können (S.18).

Das Helikoptergeld ist etwas grundsätzlich anderes als die unentgeltlichen Zuwendungen des Staates an Unternehmen und Privathaushalte (Sozialleistungen, Subventionen). Die staatlichen Zuwendungen beruhen auf Steuereinnahmen und damit auf Arbeitsleistungen der Steuerzahler (S. 12).

Die Abschaffung des Bargeldes beinhaltet ebenfalls Probleme. Das Bargeld, d.h. die von der Zentralbank emittierte Banknote, ist das gesetzliche Zahlungsmittel. Sollte es abgeschafft werden, müsste das Buchgeld zum gesetzlichen Zahlungsmittel erklärt werden. Das gesetzliche Zahlungsmittel wäre Geld, dessen Existenz von der Existenz der Bank abhängt. Geht die Bank pleite, ist das bei ihr vorhandene Buchgeld verloren. Der Buchgeldbesitzer erhält in begrenztem Umfang Versicherungsleistungen (S. 116). Demgegenüber ist Banknote sicher, da sie von der Zentralbank stammt, die nicht pleite gehen kann (S. 18). Es besteht ein qualitativer Unterschied zwischen Bargeld und Buchgeld (S. 6).

Die Abschaffung des Bargeldes wird unter anderem mit der Bekämpfung der Geldwäsche und der Steuerhinterziehung sowie mit der Unterbindung der Geldfälschung gefordert. Gegen die Abschaffung sprechen vor allem Gründe des Datenschutzes. Das Grundrecht der informationellen Selbstbestimmung könnte tangiert sein, da jede noch so geringe Geldausgabe nachverfolgt werden kann. Der entscheidende Aspekt ist aber ein anderer:

Es gäbe nur noch Geld der privaten Banken. Das Geld wäre total privatisiert. Es gäbe kein Geld mehr, das seinen Ursprung von der staatlichen oder staatsnahen Zentralbank ableitet. Zwischen der Zentralbank und den privaten Banken besteht ein wesentlicher Unterschied. Während es Aufgabe der Banken ist, möglichst hohe Gewinne zu erzielen, ist es die Aufgabe der Zentralbank, den Geldwert zu sichern. Um möglichst hohe Gewinne zu erzielen, gehen die Banken hohe Risiken ein und gefährden das Geld.

Die Abschaffung des Bargeldes hat konkrete Auswirkungen. Der Geldbesitzer muss sein Geld notgedrungen den Banken überlassen. Droht einer Bank, die mit dem fremden Geld riskante Eigengeschäfte betreiben kann, die Pleite, dann hat der Geldbesitzer nicht mehr die Möglichkeit der Flucht in das Bargeld und er kann einer Gläubigerbeteiligung beim Bail-in (S. 117 ff.) - und auch negativen Zinsen - nicht mehr ausweichen. Die Versicherungsleistungen bei einer Bankenpleite betragen 100.000 €. Jedoch ist dieser Betrag nicht in Stein gemeißelt. Da den Banken erlaubt ist, riskante Eigengeschäfte zu tätigen, ist eine Sicherheit des Buchgeldes nicht gewährleistet. Stresstests, ein etwas höheres Eigenkapital (Basel III) und auch die Bankenaufsicht, die vor der Finanzkrise 2008 nicht geschützt hat, werden daran nicht viel ändern.

Das Bargeld vermittelt Sicherheit. Auch wenn heute vielfach mit Buchgeld gezahlt wird, so gibt allein die Möglichkeit der Flucht in das Bargeld ein Gefühl der Sicherheit. Dieses Gefühl der Sicherheit wird durch die Zentralbank gewährleistet. Geht es verloren, geht auch das Vertrauen in das Finanzsystem und in letztlich auch in den für das Finanzsystem verantwortlichen Staat verloren.

Mit der Begründung, das Bargeld sei in der Zeit der Digitalisierung antiquiert, darf es daher nicht zu einer klammheimlichen wesentlichen Veränderung des Finanzsystems kommen. Es muss vielmehr ein gleichwertiger Ersatz für das Bargeldes geschaffen werden. Das Bargeld kann digitalisiert werden, indem jedermann ein Girokonto bei der Zentralbank erhält. Das Geld auf dem Konto der Zentralbank wäre so sicher wie die Banknote.

Eine weniger sichere Lösung wäre das Vollgeld (S. 23). Es könnte nicht absolut sichergestellt werden, dass das Geld (Buchgeld) zu jeder Zeit und in voller Höhe durch Zentralbankgeld gedeckt ist. Die absolute Sicherheit könnte nur dadurch gewährleistet werden, dass die Zentralbank das Geld der Banken bedingungslos garantiert, sodass es im Falle der Pleite der Bank auf eine andere Bank transferiert werden kann.

31. Eine kritische Betrachtung

Das Finanzsystem als Aufwärtsspiral-System beruht auf steigenden Schulden. Es ist, da Schulden zur Insolvenz führen können, von Hause aus in einem gewissen Maß instabil. Die Möglichkeit der ungehinderten Zentralbankgeld- und Geldschöpfung und damit einer ungehinderten übermäßigen Verschuldung kann leicht zu einer hohen Instabilität des Finanzsystems führen. Eine wichtige Aufgabe der Politik und der Zentralbank ist es daher zu verhindern, dass die Verschuldung übermäßig steigt. Der Aufgabe wurden Politik und Zentralbank nicht gerecht. Durch die Deregulierung seit den 1990er Jahren wurden die Banken wie normale Unternehmen tätig und benötigten für ihre neuen Geschäftsfelder bzw. Eigengeschäfte zusätzliche Mittel. Ihre Verschuldung stieg übermäßig.

Die übermäßige Verschuldung, verursacht durch die Deregulierung, hat zu einer hohen Instabilität des Finanzsystems geführt. Notwendig wäre, die Ursache der übermäßigen Verschuldung zu beseitigen. Die Deregulierung müsste rückgängig gemacht werden. Die Schuldenaufnahme zum Zwecke der Spekulation müsste unterbunden werden. Die Realwirtschaft müsste wieder den Vorrang vor der Finanzwirtschaft bzw. Finanzindustrie erhalten. Sie ist wegen der Arbeitsplätze ein besonders wichtiger gesellschaftspolitischer Faktor.

Zum Zweck der Sicherung des Buchgeldes müsste das Bankensystem umstrukturiert werden. Der Bereich Girokonten müsste von den anderen Bankgeschäften getrennt werden. Zu denken wäre an ein Trennbankensystem, wie es vor 1999 in den USA – aus guten Gründen - bestand (S. 60). Die verschiedenen Sparten der Banken könnten aufgeteilt werden, etwa wie folgt:

Die Banken betreiben das klassische Bankgeschäft der Hereinnahme von Einlagen und der Vergabe von Krediten an die Unternehmen und Privathaushalte. Die anderen Finanzgeschäfte (Immobilien, Versicherungen, realwirtschaftliche Investitionen) werden von anderen Finanzunternehmen betrieben. Wettgeschäfte und die Geschäfte mit Derivaten werden von Spezialunternehmen betrieben. Die Banken unterstützen die Realwirtschaft und die Investitionen der Unternehmen. Nur die Banken haben Zugang zur Zentralbank und zum Zentralbankgeld. Eigengeschäfte sind ihnen untersagt und sie dürfen auch keine Unternehmen gründen oder sich an ihnen beteiligen, die nicht das klassische Bankgeschäft betreiben. Den Banken ist verboten, den Spezialunternehmen oder ihren Kunden Kredite zu geben. Wer Wetten veranstalten oder sich an Wetten beteiligen will, kann dies nur mit Eigenkapital tun. Geht die Wette verloren, ist nur sein Eigenkapital verloren. Die Banken und damit die Besitzer von Buchgeld sind nicht betroffen.

Zur Vermeidung gefährlicher Blasen sollten Spekulationen erschwert werden. Zu denken wäre an steuerliche Maßnahmen. Bei einem zu starken Anstieg der Aktienkurse oder Immobilienpreise könnte eine befristete Umsatzsteuer bzw. eine erhöhte Grunderwerbssteuer erhoben werden (ausgenommen der Immobilienerwerb zu eigenen Wohnzwecken), sodass eine Spekulation wegen der geringen Gewinnaussichten uninteressant wäre. Leerverkäufe, die ein Spekulation auf Kredit sind, sollten verboten werden. Sie bewirken eine Abwärtsbewegung der Kurse und widersprechen damit dem Finanzsystem als Aufwärtsspiral-System. Ferner sollten Lebensmittelderivate verboten werden, da Rückkopplungen auf den Basiswert und damit Preissteigerungen der Lebensmittel nicht auszuschließen sind, was arme Bevölkerungsschichten hart trifft.

Eine dauerhafte Stabilisierung des Finanzsystems durch eine Selbstbeschränkung der Banken oder durch die Bankenaufsicht, die häufig zu spät eingreift, ist nicht zu erwarten. Die Lösung, kann nur in gesetzlichen Regelungen bestehen, wie dies in der Realwirtschaft zur Abwehr von Gefahren selbstverständlich ist. Die gesetzlichen Regelungen müssten in einschneidenden Strukturreformen bestehen. Solche wird es aller Voraussicht nach nicht geben. Die Politik wird sich gegen die Finanzlobby nicht durchsetzen. Deren Argumente sind der Verlust von Arbeitsplätzen und das Erfordernis einer einheitlichen globalen bzw. europäischen Regelung, von der jeder weiß, dass sie nicht zustande kommen wird.

Bei Einführung der Deregulierung ist versäumt worden, die Anforderungen an das Eigenkapital der Banken wegen der nunmehr möglichen Eigengeschäfte drastisch zu erhöhen. Wenn vor 2008 eine Eigenkapitalrendite von 25% für die Banken ein anzustrebendes Ziel war, so wird deutlich, in welch hohem Maße sie mit Fremdmitteln (u.a. Einlagen ihrer Kunden) arbeiten und wie gering ihr Eigenkapital war. Aus der Pleite der Kölner Herstatt Bank 1974 hätte man schon frühzeitig Lehren ziehen können. Die Bank hatte nach dem Ende der festen Wechselkurse 1971 unter Umgehung der damaligen Regeln auf eigene Rechnung mit Devisen spekuliert. Die Spekulationen führten zunächst zu hohen Gewinnen und später zu hohen Verlusten und zur Pleite.

Auch wenn die übermäßige Verschuldung – durch Schuldenschnitte oder durch eine Inflation - reduziert würde, so ist nicht gesagt, dass es wieder ein Wirtschaftswachstum wie in früheren Zeiten geben wird. Dem stehen der rasante technische Fortschritt, die hohen Produktionskapazitäten und die gesättigten Märkte entgegen. Die geldpolitischen Maßnahmen der Zentralbanken der Industrieländer dürften im Hinblick auf das Wirtschaftswachstum nur wenig bewirken.

Ein angemessenes Wirtschaftswachstum kann daher mit Zentralbankgeld und Geld allein nicht erreicht werden. Es entsteht, wenn es neuartige Güter gibt, die eine hohe Nachfrage erwarten lassen. Neuartige Güter sind das Ergebnis von Forschungen, Erfindungen und Basisinnovationen (S. 40). Nur eine Aufwärtsentwicklung in den Naturwissenschaften, die neuartige Güter hervorbringt, kann eine wirtschaftliche Aufwärtsentwicklung bewirken. Es müssten daher verstärkt Möglichkeiten für Erfindungen, die häufig auf Zufällen beruhen, geschaffen werden. Diese Möglichkeiten zu schaffen ist Sache des Staates, der Forschungen und Forscher intensiv unterstützen müsste. Erfindungen und Forschungsergebnisse von heute sind die Arbeitsplätze von morgen.

Es gibt noch Vieles zu erforschen. Man denke an die Kernfusion. Die Forschungen müssen nicht notwendig neue materielle Güter und daher die Steigerung des materiellen Wohlstandes zum Ziel haben. Wohlstand kann auch immaterieller Art sein wie Gesundheit und Wohlbefinden.

Die Erforschung von Krankheiten durch Erforschung des „Universums" Mensch (z.B. Hirnforschung) ist noch lange nicht abgeschlossen. Eine Grenze des Wachstums ist insofern nicht in Sicht. Wachstum wird es verstärkt als Wissenswachstum geben und dieses kennt keine Grenzen. Für die Menschen wird das Lernen und die Ausbildung immer wichtiger und anspruchsvoller und auch die Anforderungen an die Arbeitsplätze werden steigen.

32. Gedanken zum Schluss

Die Frage ist, was die im Finanzsystem entstandenen Probleme für den einzelnen bedeuten. Denkbar sind Geldverluste durch Steuererhöhungen, durch Bail-in und durch Inflation.

Steuererhöhungen könnten notwendig werden, wenn der Staat wegen der Bankenrettung und der Eurorettung Zahlungen leisten muss. Ob und gegebenenfalls in welcher Höhe der Staat wegen der Bankenrettung zahlen muss, ist nicht abzusehen. Was die Eurorettung betrifft, so könnten die übernommenen Garantien endlos verlängert werden, sodass Zahlungen durch den Staat nicht anfallen. Falls große Eurostaaten gerettet werden müssten, würde es notwendig, das Volumen des ESM zu vergrößern. Die zusätzlichen Garantien, die von Deutschland zu übernehmen wären, könnten seine Garantiefähigkeit übersteigen. In gleicher Weise wie bei einer hohen Staatsverschuldung würden die Käufer von neu zu emittierenden Staatsanleihen einen Risikozuschlag in Form hoher Zinsen fordern, was sich in einer Steuererhöhung niederschlagen könnte.

Es bleibt zu beobachten, wie die Eurostaaten sich entwickeln. Sollten die Defizitregeln aufgeweicht werden, würde der Euro zur Schwachwährung mit der Tendenz zur Inflation. Sollte es einen Finanzausgleich innerhalb der Eurostaaten geben, müsste Deutschland Ausgleichszahlungen leisten. Würde es Eurobonds geben, würde Deutschland höhere Zinsen für Staatsanleihen zahlen müssen. Die zusätzlichen Belastungen könnten zu Steuererhöhungen führen.

Sollte es zu einem Zerfall der Währungsunion kommen, könnten Zahlungen aus den Garantien der Eurorettung fällig werden mit der Folge einer Steuererhöhung. Das gleiche im Hinblick auf die Targetsalden für den Fall, dass es keine Gewinnabführung durch die Zentralbank an den Staatshaushalt gibt.

Für den einzelnen ist ein Zusammenhang zwischen etwaigen Steuererhöhungen und den Zahlungen des Staates als Folge der Probleme des Finanzsystems nicht erkennbar. Die Zahlungen würden sich über viele

Jahre erstrecken und im Laufe der Jahre kann es viele andere Gründe für Steuererhöhungen geben. Im öffentlichen Haushalt gilt das Gesamtdeckungsprinzip, wonach die Ausgaben insgesamt durch die Einnahmen insgesamt gedeckt werden, sodass eine Zuordnung von Einnahmen aus einer Steuererhöhung zu bestimmten Ausgaben nicht möglich ist.

Während es eine keine Möglichkeit gibt, einem Geldverlust durch Steuererhöhung zu entkommen, besteht eine solche Möglichkeit bei Geldverlusten durch einen Bail-in und durch eine Inflation.

Vor einem Bail-in kann man sich schützen, indem man sich sein Buchgeld rechtzeitig in bar auszahlen lässt. Dies ist nicht mehr möglich, sollte das Bargeld abgeschafft werden. In diesem Fall verbleibt nur die Flucht in Vermögensgegenstände (Gold, Immobilien).

Was den Geldverlust durch eine Inflation betrifft, so ist eine höhere Inflation wenig wahrscheinlich. Auszuschließen ist sie aber nicht. Die hohen Mengen an Zentralbankgeld haben möglicherweise den psychologischen Effekt, dass – weil nicht zwischen Geld und Zentralbankgeld unterschieden wird - allgemein der Eindruck entsteht, als sei Geld im Überfluss in der Realwirtschaft vorhanden. Es könnten höhere Preise gefordert und gezahlt werden, da Geld durch Kredite im Hinblick auf die hohe Zentralbankgeldmenge und die niedrigen Zinsen verfügbar ist. Sollte eine Inflation einsetzen, wäre die EZB in der Pflicht, die Zinsen erhöhen, was sie aber nicht kann, da eine Zinserhöhung die Aktienkurse zum Absturz bringen und die entstandene Blase platzen würde mit gravierenden Folgen. Die EZB befände sich in einer selbst gebauten Zwickmühle. Durch ihre quantitative Lockerung hat ein Blase geschaffen. Um ein Platzen der Blase zu vermeiden, wäre sie gezwungen, eine Inflation hinzunehmen.

Dass eine Inflation nicht völlig auszuschließen ist, zeigt der neuerliche Vorschlag von Ökonomen, einen Gold-Euro einzuführen. Dieser würde vor allem als Wertaufbewahrungsmittel und somit als Schutz vor einer Inflation durch eine Flucht in die Sachwerte dienen. Der Vorschlag offenbart eine Skepsis gegenüber dem reinen Papiergeldsystem mit seiner Möglichkeit der unbegrenzten Geldschöpfung. Die Digitalwährung Bitcoin ist im Gegensatz zu anderen Währungen mengenmäßig begrenzt. Ob jedoch die Begrenzung von Dauer sein wird: Ist das sicher und wer entscheidet das?

Das Finanzsystem ist durch die Deregulierung, den Euro, die vielfachen Rettungsmaßnahmen und die geldpolitischen Maßnahmen der Zentralbanken zunehmend unberechenbarer geworden. Einigermaßen verlässliche Vorhersagen sind daher nicht möglich. Die zunehmende Unberechenbarkeit führt zu zunehmender Unsicherheit und Instabilität. Die Sicherheit des Geldes und des Vermögens hat unter diesen Umständen Priorität.

Dem Finanzsystem scheinen die Voraussetzungen, die ein System ausmachen, abhanden gekommen zu sein. Die Voraussetzungen sind Grundsätze, die nicht zur Disposition stehen. Die Grundsätze sind insbesondere: Geld bzw. Vermögen beruht auf Arbeitsleistung; Schulden sind in Grenzen zu halten; die Realwirtschaft hat Vorrang vor der Finanzwirtschaft; der positive Zins im Finanzsystems als Aufwärtsspiral-System.

Für den Staat ist das Finanzsystem essentiell. Er hat die Verantwortung für ein solides und stabiles Finanzsystem. Die zunehmende Instabilität ist eine Gefahr für das Finanzsystem und das Geldwesen. Wird das Geldwesen ruiniert – und damit komme ich auf den Anfang des Buches zurück – wird die Gesellschaft zerstört.

Stichworte/Seite

Anleihe 9, 47 ff., 55
Bad Bank 104
Bail-in 113, 117
Banken-Clearing 25
Bruttoinlandsprodukt 33
Deflation 46
Deregulierung 49, 59 ff., 79, 88
Derivat 58
Devisen 77 ff.
Eigengeschäft 60, 99, 103 ff.
Eurobond 115
Europäisches Währungssystem 67, 89
Eurosystem 91
Finanzindustrie 58
Forderungsverbriefung 65 ff.
Fristentransformation 72, 99
Geldbasis 16, 42, 74
Geldumlaufgeschwindigkeit 33, 128
Gewinnabführung 14, 17, 94
Hedgefonds 30, 60
Helikoptergeld 38, 138
Insolvenz 71 ff.
Kaufkraft 5, 121
Konjunkturprogramm 38, 55, 103
Konvergenzkriterien 83, 106
Kreditklemme 26, 101
Leerverkauf 56, 68 ff.
Leitwährung 82, 122, 127
Leitzins 16, 23, 137
Mindestreservepflicht 21
Papiergeldsystem 4 ff.

Quantitative Lockerung 73, 81, 102, 125, 131, 134, 136
Schattenbanken 30 ff.
Schuldenschnitt 29, 115
Schuldverschreibung 9, 47
Staatsanleihe 11, 13, 68 ff., 74
Staatsbankrott 14
Stagflation 42
Systemische Bank 72
Targetsalden 93, 119 ff.
Tauschhandel 3, 15, 27
Termingeschäft 63 ff.
Überschussreserve 25, 137
Umlaufrendite 48, 69
Vollgeld 23
Währung 10, 11, 14, 75 ff., 80 ff.
Zentralbankgeld 8, 15, 76 ff.
Zertifikat 62
Zettelbank 4, 22
Zinsniveau 16 ff., 48, 56, 69, 74
Zinsstrukturkurve 43

Quellenverzeichnis (Stand 20.10.2016)

(1)
www.federalreserve.gov
USA-Geldmenge:
Economic Research&Data – Data Download Programm (DDP) – Financial Accounts - Financial Accounts of the United States Z.1 – A Build your package – 1. Data set: Financial Accounts of the Uniited States 2. Series Prefix: FL Levels, NSA 3. Sector: 89 All sectors 4. Instrument type: 30 200 Checkable deposits and currency; assets 5. Computed series 6. Frequency: Annual – Add to package – Format package – Select the number of observation OR a date range – Dates from 1970 to 2015 – Go to download – Download file

USA - Verschuldung Nicht-Finanzunternehmen:
Economic Research&Data – Data Download Programm (DDP) – Financial Accounts, Financial Accounts of the United States Z.1 - A Build your package – 1. Data set: Financial Accounts 2. Series Prefix: FL Levels, NSA 3. Sector 14 Nonfinancial business 4. Instrument type:41040 Debt securities and loans; liability 5. Computed series 6. Frequency: Annual – Add to package - Format package – Select the number of observation OR a date range – Dates from 1970 to 2015 – Go to download – Download file

(2)
www.federalreserve.gov - Economic Research&Data – Data Download Programm (DDP) – Financial Accounts - Financial Accounts of the United States Z.1 – A Build your package – 1. Data set: Financial Accounts - 2. Series Prefix: FL Levels, NSA - 3. Sector: 79 Domestic financial sectors (S12) - 4. Instrument type: 41040 Debt securities and loans, liability - 5. Computed series - 6. Frequency: Annual – Add to package – Format package – Select the number of observation OR a date range – Dates from 1970 to 2015 – Go to download – Download file

(3)
USA Bruttoinlandsprodukt:
www.bea.gov - National – Gross Domestic Product – current dollar and „real" GDP – Annual – GDP in billions of current dollars

USA Konsumkredite:
www.federalreserve.gov - Economic Research&Data – Data Download Program (DDP) – Houshold Finance - Consumer Credt G.19 – Build yuor package – 1. Data set: Consumer credit outstanding 2. Credit type: TOTAL, All credit types 3. Holder: ALL. All holders 4. Data Representation: Millions of dollars 5. Seasonal Adjustment: NSA, Not seasonally adjusted 6. Frequency: Monthly - Add to package – Total consumer debt owed and securizited not seasonally adjusted – level - Select the number of observation OR a date range – Dates from 1970 to 2015 – Go to download – Download file

(4)
Deutschland Bruttoinlandsprodukt:
www.destatis.de- Zahlen & Fakten – Gesamtwirtschaft & Umwelt – Volkswirtschaftliche Gesamtrechnungen – Inlandsprodukt – Ausgewählte Publikationen – Inlandsproduktberechnungen – Lange Reihen ab 1970 (xlsx-Datei) – Nr. 1.1 – in jeweiligen Preisen, Ursprungswerte

Deutschland – Verschuldung Privathaushalte:
www.destatis.de - Zahlen & Fakten – Gesamtwirtschaft & Umwelt – Volkswirtschaftliche Gesamtrechnungen – Vermögensrechnung – Ausgewählte Publikationen – Sektorale u. gesamtwirtschaftliche Vermögensbilanzen 1999 -2014 – (xlsx-Datei) – S 14+S15 – 18. Kredite und sonstige Verbindlichkeiten

(5)
www.bea.gov -National – Gross Domestic Product (GDP) – Percent change from preceding period – Annual – based on chained 2009 dollars

(6)
www.destatis.de - Zahlen & Fakten – Gesamtwirtschaft & Umwelt – Volkswirtschaftliche Gesamtrechnungen – Inlandsprodukt – Tabellen – Lange Reihen ab 1925: Bruttoinlandsprodukt, Bruttonationaleinkommen, Volkseinkommen (xlsx-Datei) – Preisbereinigt in %

(7)
www.cao.go.jp - Statistics – SNA (National Accounts of Japan) - Quaterly Estimates of GDP - Time series table – Tables of GDP and its components – Annual figures – Changes from the previous year (at current prices: calendar year)

(8)
www.bls.gov - Subjects - Inflation & Prices - Consumer Price Index - CPI Tables - CPI Detailed Report Tables - CPI Detailed Report (complete text and tables) August 2016 Table 24 (S. 71 und 73): Historical Consumer Price Index for all Urban Consumers - Percent change from previous - Annual avg.)

(9)
www.destatis.de - Zahlen & Fakten - Gesamtwirtschaft & Umwelt - Preise - Verbraucherpreisindizes - Ausgewählte Publikationen - Verbraucherpreisindex für Deutschland Lange Reihen ab 1948 – August 2016-(xls) - JD Veränderung - 1950-1962 Personenhaushalte mittlere Einkommen, 1963-1991 Alle privaten Haushalte, ab 1992 Verbraucherpreisindex)

(10)
www.stat.go.jp/english - Statistics - Summary of Survey Results - Prices - Consumer Price Index - Results - Historical Data, Indices of items - Report on the Consumer Price Index - Historical Data - 2015 Base - All Japan - Annual Average - Table No 2, Zeile 2 – Index of all items, less imputed rent; Percentage change from previous year (1948-the Recent Year) CSV

(11)
www.boerse.de – Indizes – Top Indizes - Dow Jones Industrial Average/Chart/MAX/Linien
http://www.boerse.de/indizes/Dow-Jones-Industrial-Average/US2605661048 (abgerufen 20.10.2016)

(12)
www.boerse.de - Indizes – Top Indizes – DAX/Chart/MAX/Linien
http://www.boerse.de/indizes/Dax/DE0008469008 (abgerufen 20.10.2016)

(13)
http://indexes.nikkei.co.jp - Archives - Historical Data in Nikkei 225 – Annual Data - Close
http://indexes.nikkei.co.jp/en/nkave/archives/data (abgerufen 20.10.2016)

(14)
http://www.eu.spindices.com/index-family/real-estate/sp-corelogic-case-shiller (abgerufen 20.10.2016) - S&P- ADDITIONAL INFO – Home Price Index Levels – Composite 10

(15)
www.stat.go.jp/englis - Statistics - Summery of Survey Results - Statistical Compendia -Japan Statistical Yearbook - Contents - Chapter 20 - Prices- Tables – All Tables of Chapter 20 – 20-13:URBAN LAND PRICE INDEX (1972-2015) - Urban Land of nationwide - Total average

(16)
www.bis.org - Statistics – About BIS Statistics – Statistical data – BIS Statistics explorer – Derivatives statistics – Semiannual OTC derivatives statistics – D5.1 Foreign exchange, interest rate, equity linked contracts – Global OTC derivative market – All contracts - Notional amounts outstanding

(17)
www.bis.org - Statistics – About BIS Statisitcs – Statistical data – BIS Statistics explorer – Derivatives statistics – Semiannual OTC derivatives statistics – D5.2 Commodity contracts, credit default swaps – Global OTC derivative market – Notional amounts outstanding - credit default swaps

(18)
www.bis.org - Statistics – About BIS Statisitcs – Statistical data – BIS Statistics explorer – Derivatives statistics – Exchange-traded derivatives statistics - D1 Exchange-traded futures and options, by location of exchange

(19)
www.bis.org - Statistics – About BIS Statisitcs – Statistical data – BIS Statistics explorer – Derivatives statistics – Triennial FX and OTC derivatives statistics - D11 Foreign exchange turnover - D11.1 summary April 2016 - Global summery – Total, „net-net" basis

(20)
www.ec.europa.eu/eurostat – Data - Database by themes – Economy and finance – Interest rates – Interest rates historical data – Central government bond yields – Central government bond yields annual data – Data explorer

(21)
www.ec.europa.eu/eurostat
Bruttoinlandsprodukt:
Data – Database – Tables by themes – Economy and finance – National accounts (including GDP) – Annual national accounts – GDP and main components – Gross domestic product at market prices - Tables, Graphs and Maps interface – Table: Unit: Current prices, million euro; Werte vor 2004: Button More data in the source datat set - nama 10 gdp – Time:+ Update
Verschuldung Unternehmen/Privathaushalte und Finanzsektor:
Database – Tables on EU policy – Macroeconomic imbalances procedure indicators - Macroeconomic imbalances procedure Statistical annex indicators – Data explorer – Auswahl Land: Fenster Geopolitical entity - Indicator: All indicators: Privat sector (d.h. Unternehmen, Privathaushalte) debt, consolidated, % of GDP bzw. Total financial liabilities, non consolidated, million national currency

(22)
www.destatis.de
Bruttoinlandsprodukt:
Zahlen & Fakten - Gesamtwirtschaft & Umwelt - Volkswirtschaftliche Gesamtrechnungen - Inlandsprodukt – Bruttoinlandsprodukt (BIP) – Tabellen – Lange Reihen - Bruttonationaleinkiommen, Volkseinkommenm (ab 1925) - (xlsx) – Tabelle 1925-1991 und Tabelle 1991-2015 - Bruttoinlandsprodukt in jeweiligen Preisen
Verschuldung Unternehmen/Privathaushalte und Finanzsektor:
Zahlen & Fakten – Gesamtwirtschaft & Umwelt – Volkswirtschaftliche Gesamtrechnungen – Vermögensrechnung – Ausgewählte Publikationen – Sektorale u. gesamtwirtschaftliche Vermögensbilanzen 1999- 2014 – (xlsx-Datei):

Unternehmen (Nichtfinanzielle Kapitalgesellschaften): S1+S11 (37 Femdkapital)
Privathaushalte: S14+ S15 (18 Kredite und sonstige Verbindlichkeiten)
Finanzsektor: S12+S13 (18 Fremdkapittal)

(23)
www.ec.europa.eu/eurostat - Data – Database – Tables by themes – Economy and finance – Prices – Harmonsided indices of consumerprices (HICP) – HICP all items annual average indices – Tables, Graphs and Maps interface - Button: More data in the source; Time +; Update; Unit of measure: Annual average index)

(24)
www.federalreserve.gov - Economic Research&Data – Data Download Programm (DDP) – Financial Accounts - Financial Accounts of the United States Z.1 - A Build your package – 1. Data set: Financial Accounts 2. Series Prefix: FL Levels, NSA – 3. Sector : 41 Agency and GSE-backed mortgages pools 4. Instrument type: 30650 Total mortgages; assets (F 42) 5. Series type: Computed series 6. Frequency: Annual – Add to package – Format package - Select the number of observations OR a date range for your package – Dates from 1960 to 2015 – Go to download – Download file -

(25)
USA-Leitzins:
www.federalreserve.gov - Monetary Policy – Policy Implementation – Policy tools – Open Market Operations - FOMC's target federal funds rate or range, change (basis points) and level – und Historical Archive
USA-Immobilienpreise:
http://www.eu.spindices.com/index-family/real-estate/sp-corelogic-case-shiller
(abgerufen 20.10.2016) - S&P- ADDITIONAL INFO – Home Price Index Levels – Composite 10

(26)
www.federalreserve.gov - Monetary Policy – Policy Implementation – Policy tools - Open Market Operations - FOMC's target federal funds rate or range, change (basis points) and level

(27)
www.federalreserve.gov
Geldbasis:
Economic Research & Data – Data Download Program (DDP) – Money Stock and Reserve Balances - Aggregate Reserves of Depository Institution and the Monetary Base (H3) - Build your package 1. Data set: H3 Aggregate Reserves of Depository Institution and the Monetary Base 2. Reserves: Monetary Base -3. Reserves Detail: Monetary Base, Total 4. Frequency: Monthly - Add to package – Format package - Select the number of observations OR a date range for your package – Dates from 1996 to 2015 – Go to download – Download file

Staatsanleihen im Besitz der Zentralbank:
Economic Research & Data - Data Releases - Factors Affecting Reserve Balances H.4.1 – Release Dates Datum: jeweils Jahresende – Reserve Bank credit, Securities, held outright, US Treasury securities

(28)
USA Gesamtstaatsverschuldung:
www.treasurydirect.gov - Government – Reports – Public Debt Reports – MSPD (Monthly State of the Public Debt) - Historical Information – Jahr/jeweils Dezember – Summary - Total Public D'ebt outstanding
USA Bruttoinlandsprodukt
www.bea.gov - National - National Economic Accounts - Gross Domestic Product (GDP) - current dollar and "real" GDP - Annual -GDP in billions of current dollars
Deutschland:
www.destatis.de
Gesamtstaatsverschuldung:
Zahlen & Fakten - Gesellschaft & Staat - Öffentliche Finanzen & Steuern - Öffentliche Finanzen - Schulden, Finanzvermögen - Tabellen – Schulden, Finanzvermögen - Jährliche Schuldenstatistik im Zeitvergleich - Schulden beim nicht-öffentlichen Bereich - insgesamt (ab 1950)
Bruttoinlandsprodukt:
Zahlen & Fakten - Gesamtwirtschaft & Umwelt - Volkswirtschaftliche Gesamtrechnungen - Inlandsprodukt – Bruttoinlandsprodukt (BIP) – Tabellen – Lange Reihen - Bruttonationaleinkiommen, Volkseinkommenm (ab 1925) - (xlsx) – Tabelle 1925-1991 und Tabelle 1991-2015 - Bruttoinlandsprodukt in jeweiligen Preisen

(29)
Immobilienpreise:
www.ec.europa.eu/eurostat - Data – Database – Database by themes – Economy and Finance – Prices – Housing price statistics – House price index (prc_hpi_a) – Data Explorer -
*EZB-Leitzins:*www.ecb.europa.eu - Statistics- Monetary Operation- Key ECB interest rates (Fixed rate tenders bzw. Variable rate tenders)

(30)
www.ec.europa.eu/eurostat - Data – Database – Tables by themes – Economy and finance – Government statistics – Government finance statistics – Government deficit and debt – General governemnt gross debt - Tables, Graphs and Maps interface – Unit: Percentage of gross domestic product GDP

(31
www.ecb.europa.eu - Statistics- Monetary Operation- Key ECB interest rates (Fixed rate tenders bzw. Variable rate tenders)

(32)
www.ecb.europa.eu   https://sdw.ecb.europa.eu/quickview.do?
SERIES_KEY=123.ILM.M.U2.C.LT01.Z5.EUR

(33)
www.cao.go.jp
Finanzsektor:
Statistics - SNA (National Accounts of Japan) – Annual Report on National Accounts – Release Archive
Annual Report on National Accounts of 2016 (ab 1994) bzw. of 2011 (ab 1980) - Stock – 2. Accounts classified by institutional secctors – 2a. Financial corporations - Liabilities
Unternehmen:
Annual Report on National Accounts of 2016 (ab 1994) bzw. of 2011 (ab 1980) - Stock – 2. Accounts classified by institutional secctors – 1a. Non -financial corporations - Liabilities
Privathaushalte:
Annual Report on National Accounts of 2016 (ab 1994) bzw. of 2011 (ab 1980) - Stock – 2. Accounts classified by institutional secctors – 4. Households - Liabilities

(34)
Japan Leitzins:
www.boj.or.jp - Statistics – Bank of Japan Statistics – Others – The Basic Discount Rate and Basic Loan Rate s- Long-Term Time-Series Data - BOJ Time-Series Data Search - BOJ' s main time-series statistics - Monthly - Basic Loan Rate BJ'MADR1M
Japan – Immobilienpreise:
www.stat.go.jp/englis - Statistics – Summery of Survey Results - Statistical Compendia -Japan Statistical Yearbook - Contents - Chapter 20 - Prices- Tables – All Tables of Chapter 20 – 20-13:URBAN LAND PRICE INDEX (1972-2015) - Urban Land of nationwide - Total average

(35)
www.boj.or.jp - Statistics – Bank of Japan Statistics – Others – The Basic Discount Rate and Basic Loan Rate - Long-Term Time-Series Data - BOJ Time-Series Data Search - BOJ' s main time-series statistics - Monthly - Basic Loan Rate BJ'MADR1M

(36)
Japan - Geldbasis:
www.boj.or.jp - Statistics - Bank of Japan Statistics – Others - Monetary Base - Long-Term Time-Series Data - Data (ZIP, Jahresendwerte)
Japan – Staatsanleihen im Besitz der Zentralbank:
www.mof.go.jp - Statistics - JGBs - Central Government Debt "Outstanding Government Bonds and Borrowings" - Jahresendwerte, Total)

(37)
www.cao.go.jp -
Gesamtstaatsverschuldung
Statistics - SNA (National Accounts of Japan) – Annual Report on National Accounts – Release Archive - Annual Report on National Accounts of 2016 (ab 1994) bzw. of 2011 (ab 1980) - Stock – 2. Accounts classified by institutional secctors – 3. General Government – Liabilities
Bruttoinlandsprodukt
Statistics - SNA (National Accounts of Japan) – Annual Report on National Accounts - Release Archive - Annual Report on National Accounts of 2016 (ab 1994) bzw. of 2011 (ab 1980) – Flow – 4. Main Table Series – 1. Gross Domestic Product (Expenditure Approach) – At current prices – Calendar Year Nr. 5

(38) www.boj.or.jp - Statistics - Bank of Japan Statistics – Others - Monetary Base - Long-Term Time-Series Data - Data (ZIP, Jahresendwerte)

(39)
www.federalreserve.gov-
Staatsanleihen im Besitz der Zentralbankl:
Economic Research & Data - Data Releases - Factors Affecting Reserve Balances H.4.1 – Release Dates (jeweils Jahresende) - Securities, held outright - US Treasury securities
Verschuldung der Union:
Economic Research & Data - Data Releases - Financial Accounts of the United States- Z1 - Current Release (September 16, 2016) – PDF – Federal Reserve Statistical Release – S. 7, D.3 Debt Outstanding by Sector – Federal Government

(40)
Verschuldung des Zentralstaates durch Staatsanleihen:
www.mof.go.jp - *S*tatistics - JGBs - Central Government Debt Outstanding Government Bonds and Borrowings – Central Government Debt – Jahresendwerte - Total
Staatsanleihen im Besitz der Zentralbank
www.boj.or.jp
Statistics - Bank of Japan Statistics - Others - Bank of Japan Accounts (Every Ten Days) - Releases - List of Japan Accounts - Jahresendwerte - Government Securities